D1749663

« Ne buvez pas. Dégustez… »

Mojito

INGREDIENTS

- 8cl de rhum blanc
- 2 cuillères à soupe de sucre
- 1/2 citron vert
- 12cl de soda à base de citron
- Quelques feuilles de menthe
- Des glaçons

1. Dans un grand verre, mélangez le sucre et le jus de citron vert.

2. Ajoutez les feuilles de menthe et écrasez-les légèrement avec un pilon ou une cuillère.

3. Ajoutez le rhum blanc et mélangez bien.

4. Remplissez le verre de glaçons.

5. Versez le soda et mélangez doucement.

6. Décorez le verre avec des tranches de citron et une feuille de menthe.

7. Servir et déguster.

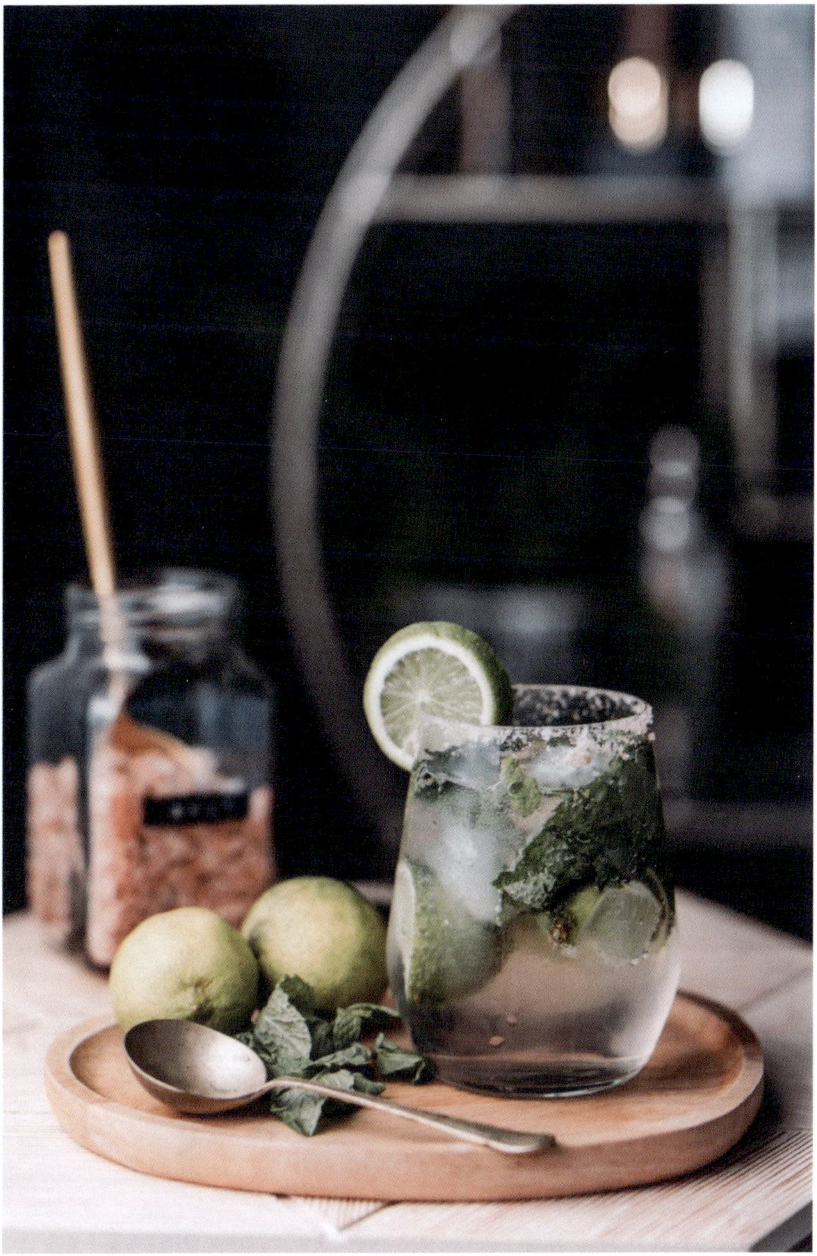

DAIQUIRI

INGREDIENTS

- 45 ml de rhum blanc
- 15 ml de jus de lime fraîchement pressé
- 15 ml de sirop simple
- 2 glaçons
- 5 ml d'alcool à base d'herbes
- 2 tranches de lime

1. Dans un shaker, ajoutez le rhum blanc, le jus de lime fraîchement pressé, le sirop simple et l'"alcool à base d'herbes.

2. Remplissez le shaker avec des glaçons et secouez vigoureusement pendant 10 secondes.

3. Versez le mélange dans un verre à Martini ou un verre à whisky.

4. Décorez avec 2 tranches de lime et servez.

5. Servir et déguster

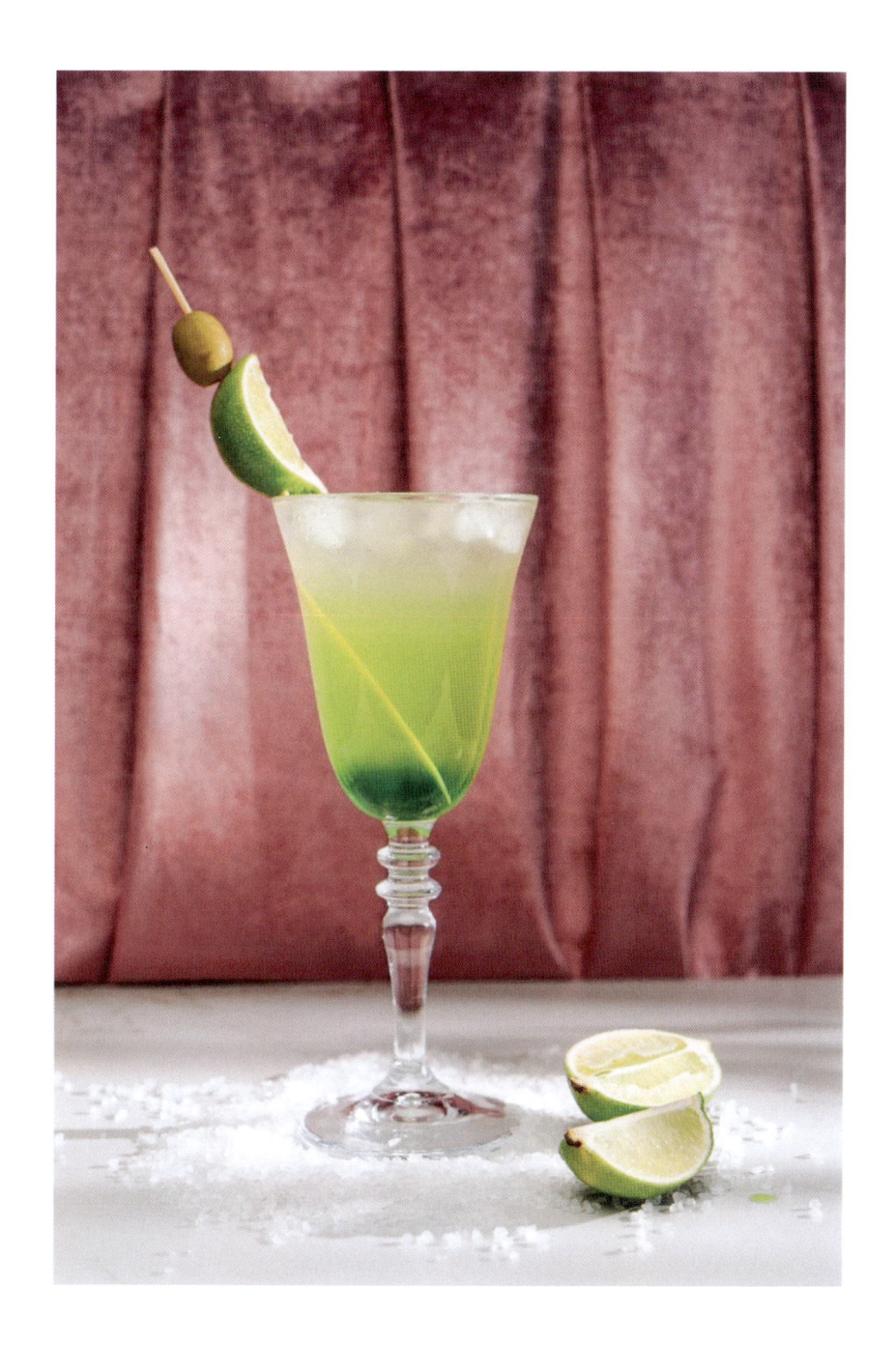

THE PAINKILLER

INGREDIENTS

- 60 ml de rhum ambré
- 120 ml de jus d'ananas
- 30 ml de jus de lime
- 30 ml de sirop de sucre de canne
- 60 ml de crème de noix de coco
- Un quartier de citron pour la garniture

1. Dans un shaker, ajoutez le rhum ambré, le jus d'ananas, le jus de lime, le sirop de sucre de canne et la crème de noix de coco.

2. Remplissez le shaker de glaçons et secouez vigoureusement pendant 10 secondes.

3. Versez le mélange dans un verre à mélange ou un grand verre rempli de glaçons.

4. Garnissez avec un quartier de citron.

5. Servir et déguster.

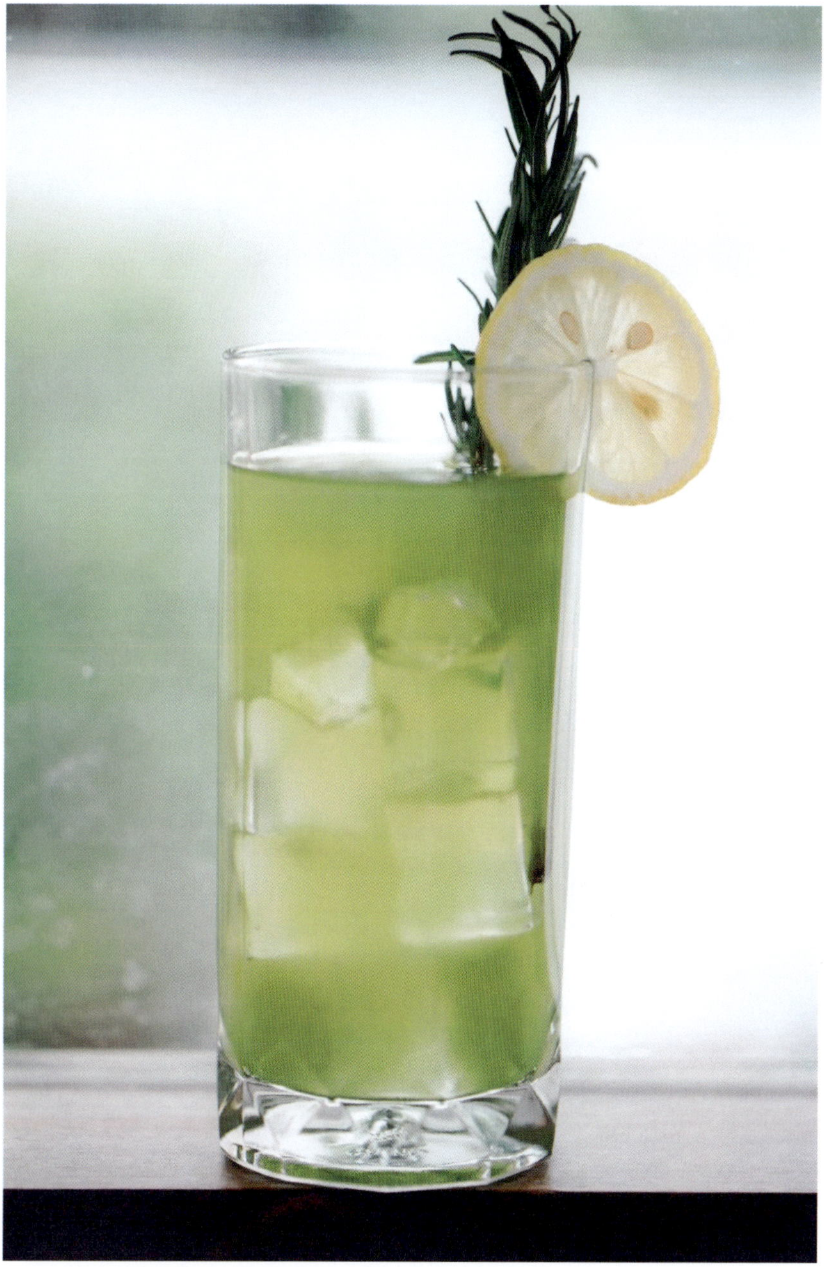

EL PRESIDENTE

INGREDIENTS

- 60 ml rhum blanc
- 30 ml curaçao
- 30 ml jus de citron vert
- 30 ml grenadine
- 1 tranche d'orange

1. Dans un shaker rempli de glace, ajoutez le rhum, le curaçao, le jus de citron vert et la grenadine. Secouez bien.

2. Remplissez un verre à mélange avec des glaçons.

3. Versez le mélange de rhum et filtrez le tout dans le verre à mélange.

4. Garnissez avec une tranche d'orange.

5. Servir et déguster.

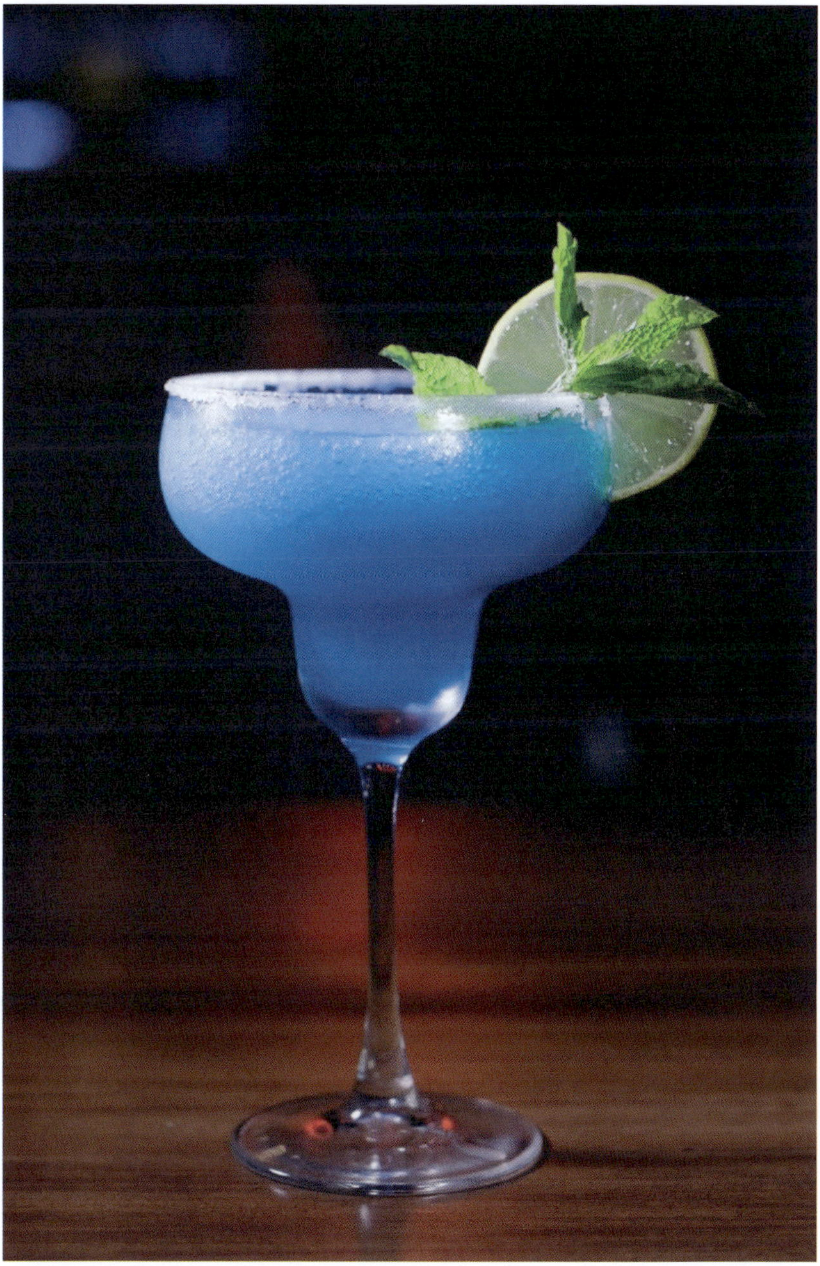

Cuba Libre

INGREDIENTS

- Ingrédients
- 4 cl de rhum cubain
- 12 cl de coca-cola
- 1 rondelle de citron
- glace

1. Remplir un verre à mélange avec des glaçons.

2. Verser le rhum cubain.

3. Ajouter du coca-cola.

4. Remuer légèrement le tout.

5. Garnir de rondelle de citron.

6. Servir et déguster.

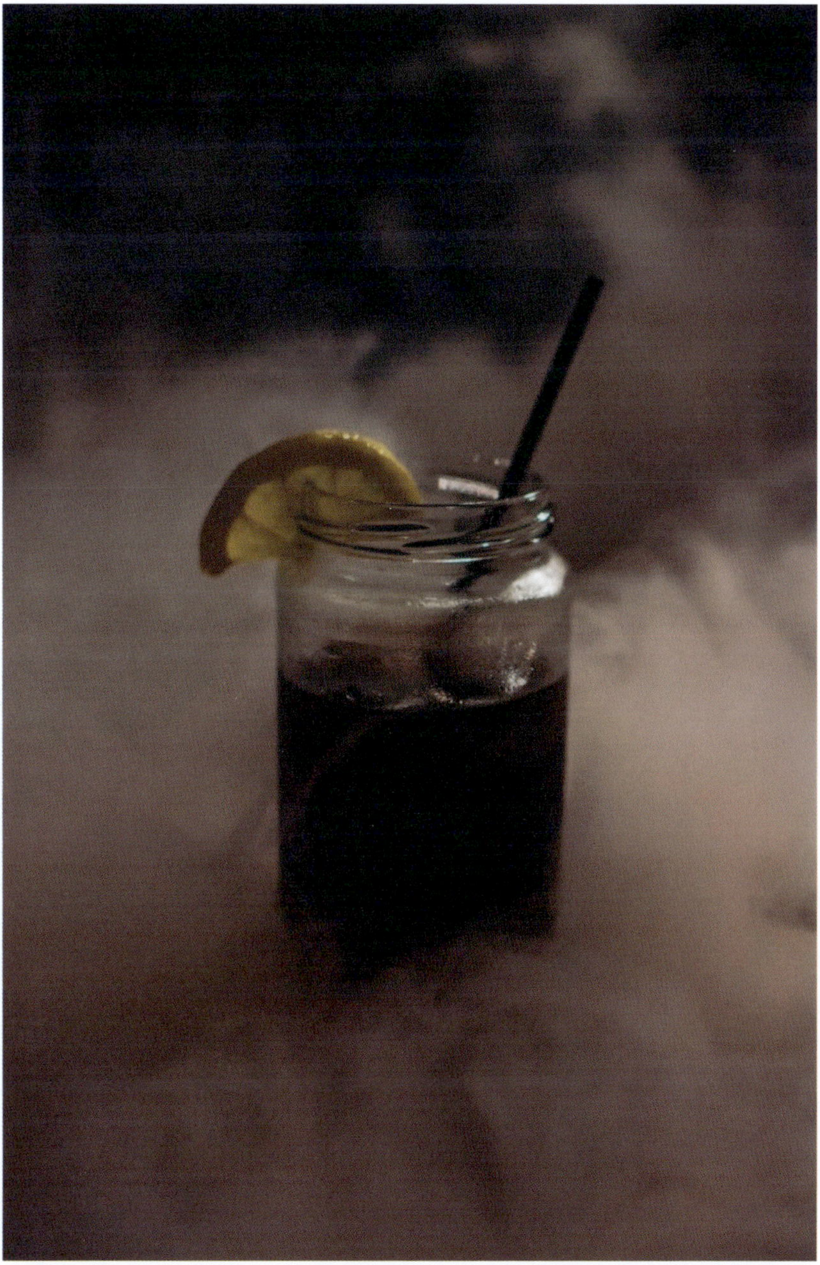

HURRICANE

INGREDIENTS

- 50 ml de rhum brun
- 25 ml de rhum blanc
- 25 ml de jus d'orange
- 25 ml de jus de citron
- 25 ml de sirop de grenadine
- 10 ml de sirop de sucre de canne
- 1 pincée de cannelle

1. Dans un shaker, mélanger les rhums, le jus d'orange, le jus de citron, le sirop de grenadine et le sirop de sucre de canne.

2. Ajouter des glaçons et secouer vigoureusement pendant 15 secondes.

3. Verser le mélange dans un verre à mélange.

4. Saupoudrer de cannelle.

5. Servir et déguster.

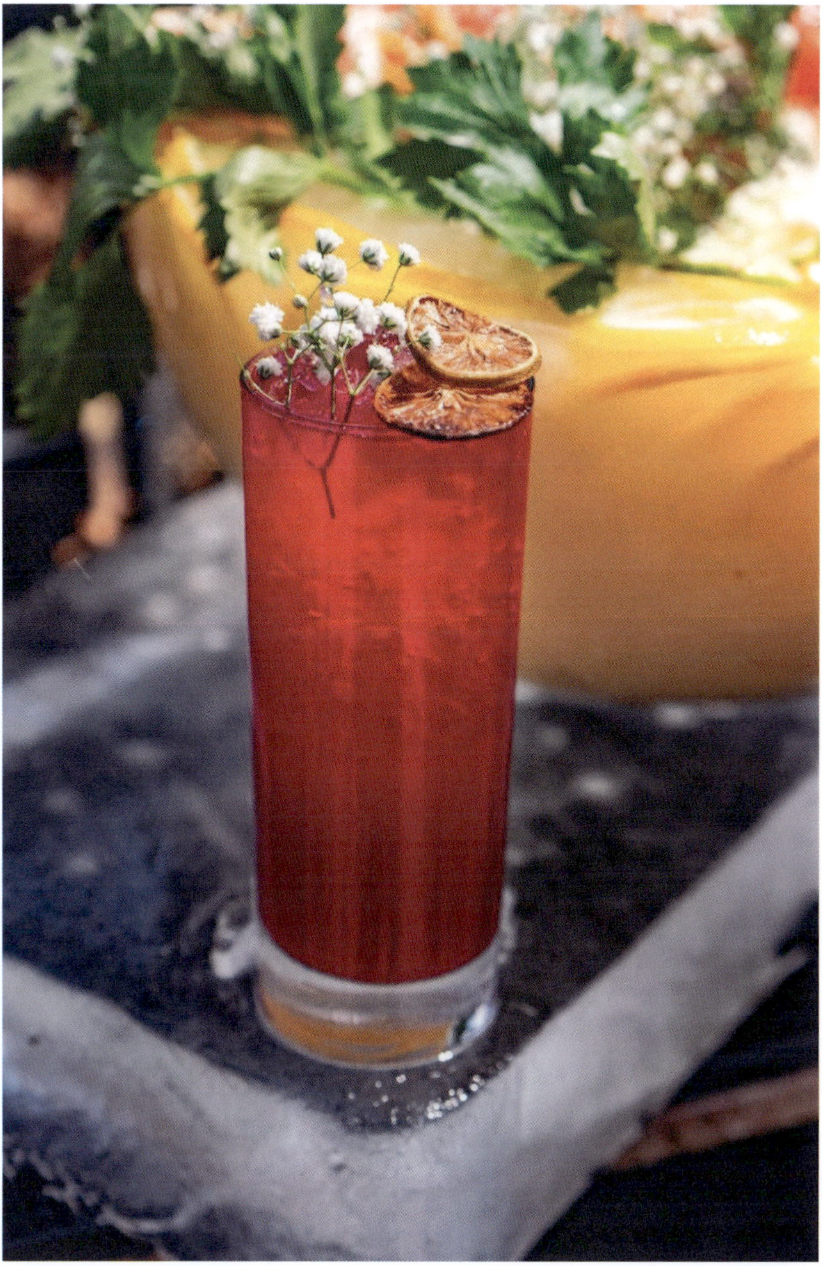

Mai Tai

INGREDIENTS

- 60 ml rhum ambré
- 60 ml rhum blanc
- 15 ml curaçao triple sec
- 7 ml de sirop de sucre de canne
- 120 ml Jus de lime fraîchement pressé
- 7 ml d'orgeat
- Tranche de lime

1. Dans un shaker à mélanger, ajoutez les rhums ambrés et blanc, le curaçao triple sec, le sirop de sucre de canne, le jus de lime et l'orgeat.

2. Ajoutez de la glace et secouez pendant 10 à 15 secondes.

3. Versez le mélange dans un grand verre rempli de glace.

4. Garnissez avec une tranche de lime et une feuille de menthe.

5. Servir et déguster.

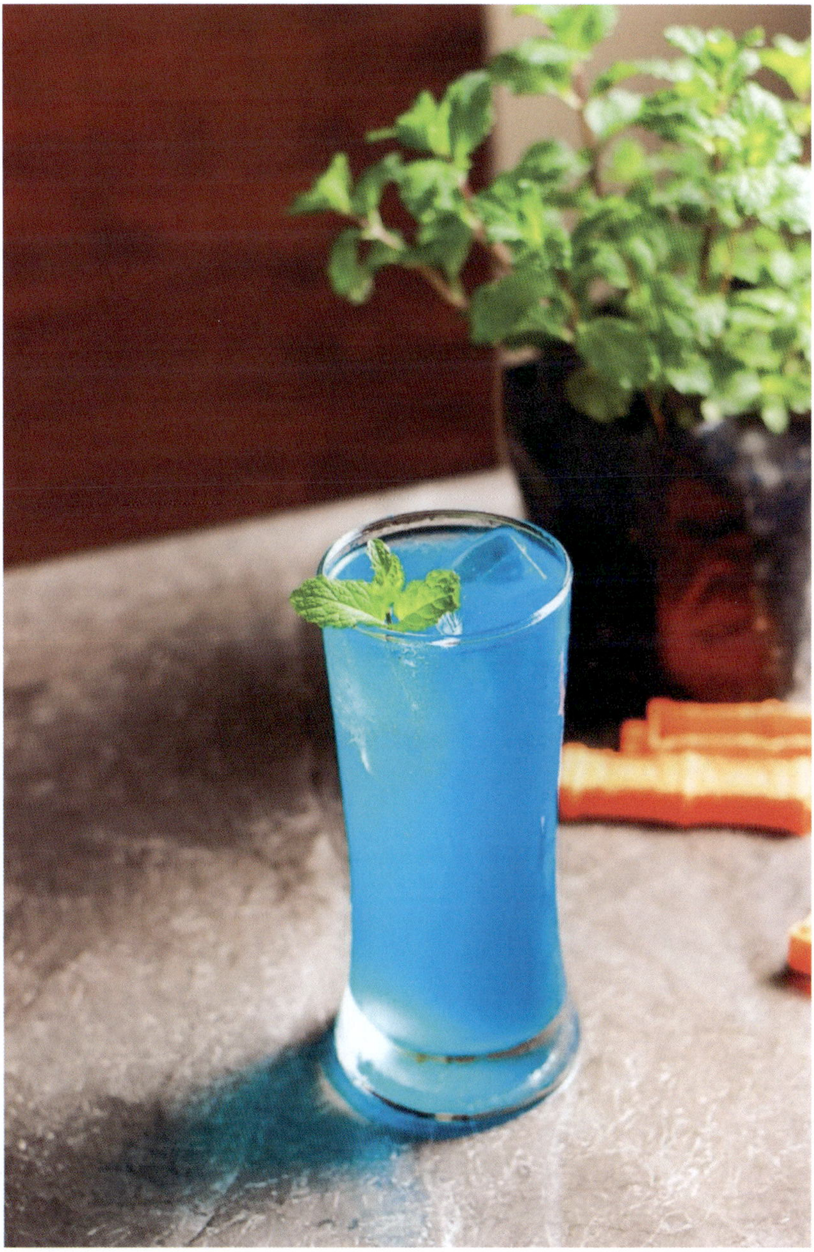

PINA C⚛LADA

INGREDIENTS

- 4 cl de rhum
- 4 cl de jus d'ananas
- 2 cl de lait de coco
- 1/2 banane
- 1 cuillère à café de sucre

1. Dans un blender, mettez les glaçons, le rhum, le jus d'ananas, le lait de coco, la banane et le sucre.

2. Mixez le tout jusqu'à l'obtention d'une consistance homogène. 3. Versez le Pina Colada dans un verre à cocktail.

4. Garnissez avec une tranche de banane et/ou un peu de noix de coco.

5. Servir et déguster.

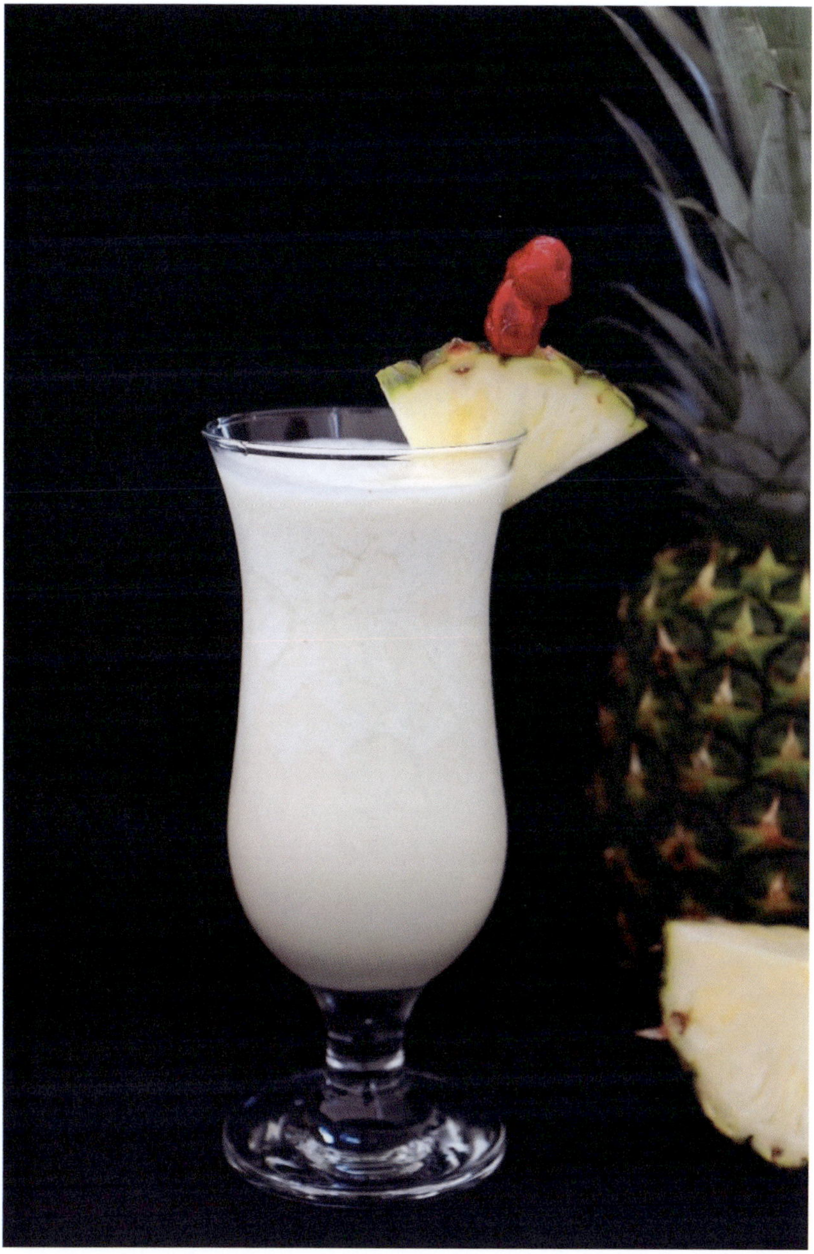

DARK 'N' STORMY

INGREDIENTS

- 60ml de rhum brun
- 90ml de ginger beer
- Jus de citron vert
- Glaçons

1. Remplissez un verre highball avec de la glace.

2. Ajoutez le rhum brun.

3. Complétez avec la ginger beer.

4. Ajoutez quelques gouttes de jus de citron vert au goût.

5. Remuez doucement.

6. Servir et déguster.

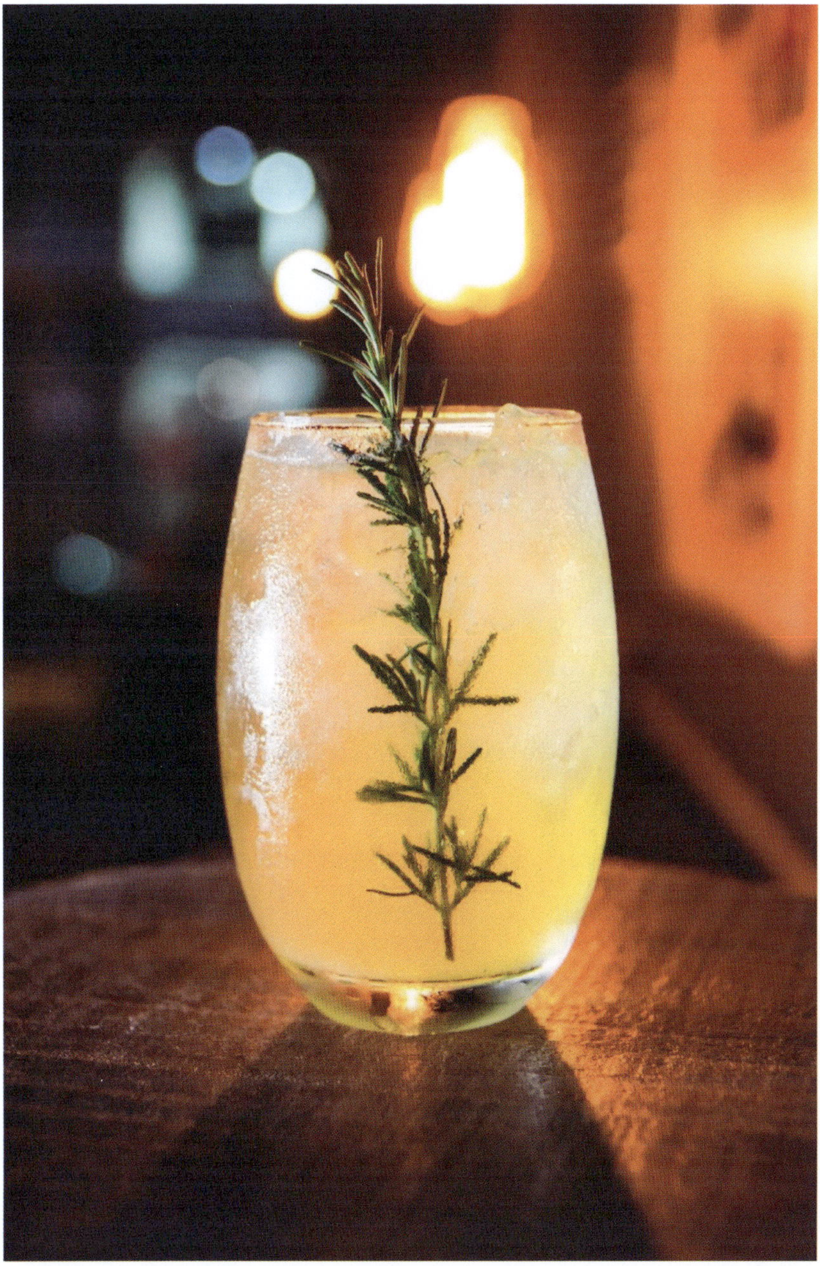

The Planter's Punch

INGREDIENTS

- 4,5 cl de rhum brun
- 2,5 cl de jus d'ananas
- 2,5 cl de jus d'orange
- 2 cl de sirop de sucre de canne
- 1,5 cl de jus de citron
- Angostura (épices)
- 1 tranche de citron
- 1 tranche d'orange

1. Dans un verre à mélange rempli de glaçons, verser le rhum, le jus d'ananas, le jus d'orange, le sirop de sucre de canne et le jus de citron.

2. Remuez jusqu'à ce que ce soit bien mélangé.

3. Ajoutez une pointe d'angostura et remuez encore une fois.

4. Garnissez d'une tranche de citron et d'une tranche d'orange.

5. Servir et déguster.

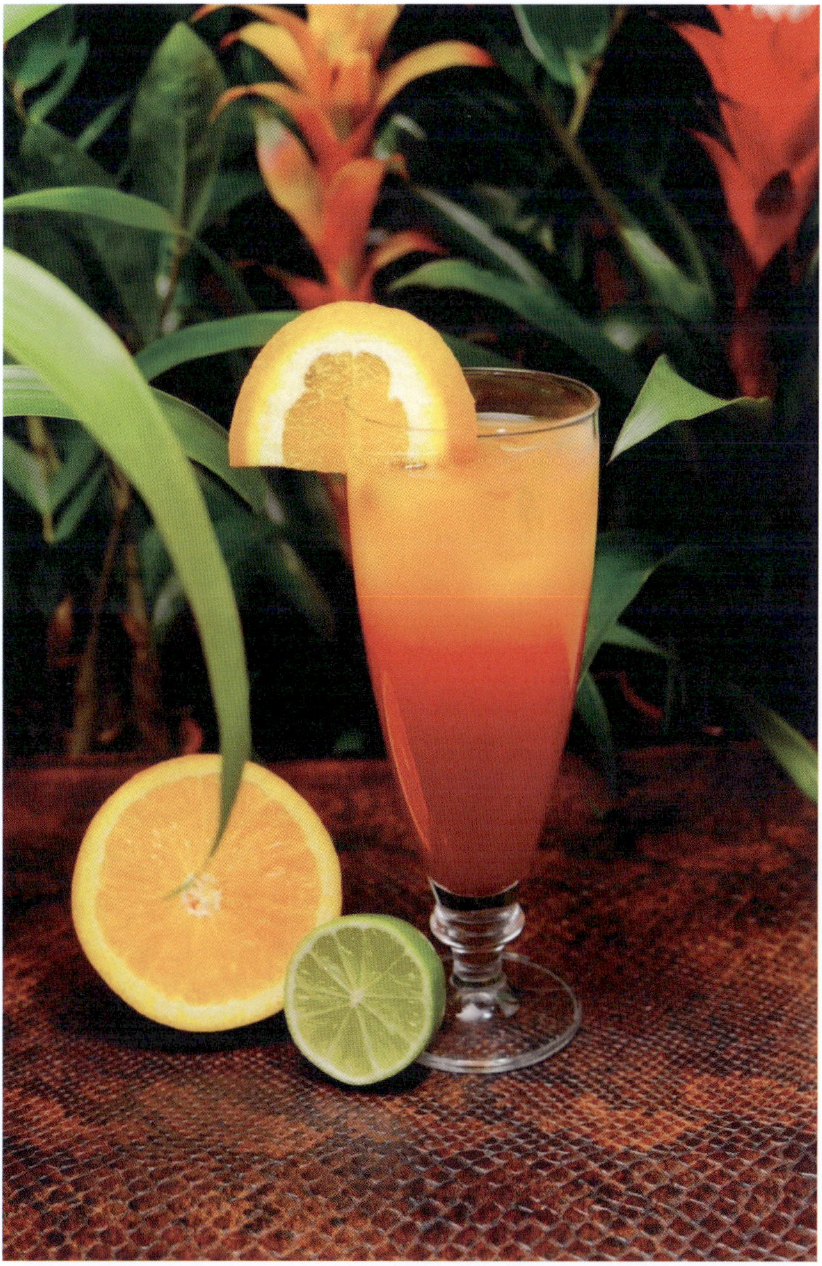

ZOMBIE

INGREDIENTS

- 4,5 cl de rhum brun
- 2,5 cl de jus d'ananas
- 2,5 cl de jus d'orange
- 2 cl de sirop de sucre de canne
- 1,5 cl de jus de citron
- Angostura (épices)
- 1 tranche de citron
- 1 tranche d'orange

1. Dans un shaker rempli de glaçons, ajoutez le rhum ambré, le rhum blanc, le jus de citron vert, le sirop de sucre de canne, la liqueur de pêche, le sirop d'orgeat, le jus d'ananas et les gouttes d'angostura.

2. Secouez le shaker vigoureusement pendant 10-15 secondes.

3. Versez le contenu du shaker dans un verre à mélange rempli de glaçons.

4. Garnissez le verre avec la tranche d'ananas.

5. Servir et déguster.

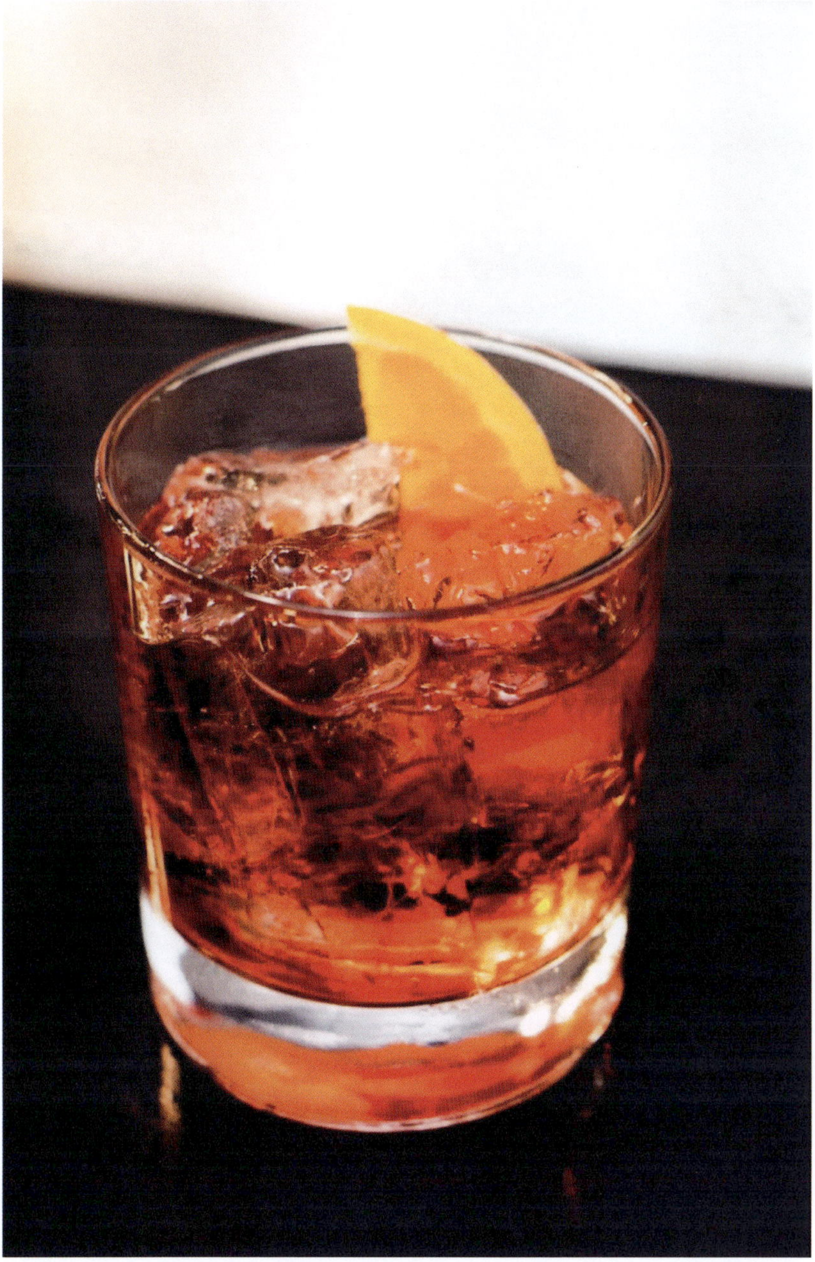

Banana Daiquiri

INGREDIENTS

- 60ml de rhum blanc
- 60ml de jus de banane
- 60ml de jus de citron vert
- 1 tranche de banane
- 1 cuillère à café de sucre en poudre

1. Dans un shaker, mélanger le rhum blanc, le jus de banane, le jus de citron vert et le sucre en poudre.

2. Ajouter les glaçons et la tranche de banane, puis shaker.

3. Verser le mélange dans un verre à cocktail.

4. Décorer le verre avec une tranche de banane.

5. Servir et déguster.

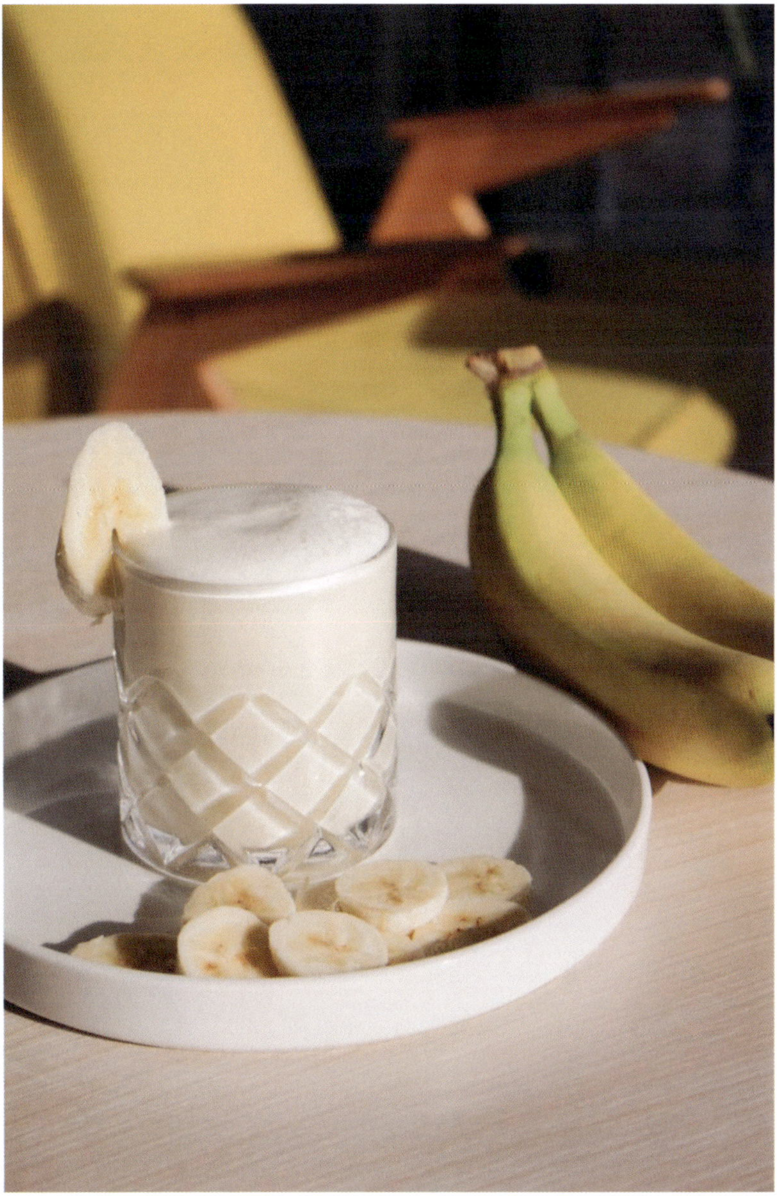

Long Island Iced Tea

INGREDIENTS

- 45 ml de vodka
- 15 ml de gin
- 15 ml de rhum blanc
- 15 ml de tequila
- 15 ml de triple sec
- 15 ml de jus de citron
- 15 ml de sirop de sucre

1. Remplir un verre à mélange de glaçons.

2. Ajouter la vodka, le gin, le rhum blanc, la tequila, le triple sec, le jus de citron et le sirop de sucre.

3. Mélanger le tout.

4. Décorer avec une petite rondelle de citron.

5. Servir et déguster.

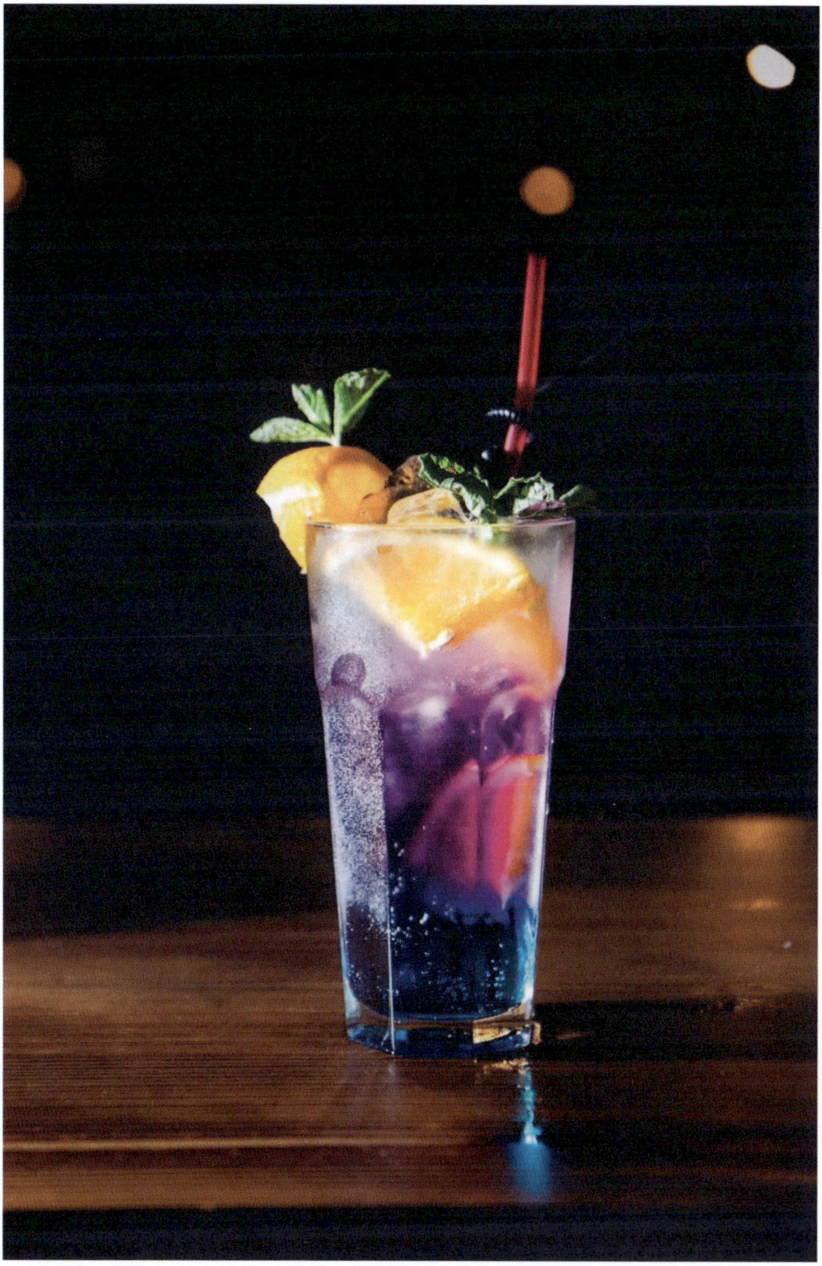

Ti' Punch

INGREDIENTS

- 5 cl de rhum blanc
- 1/2 citron vert
- 1 à 2 cuillères à café de sucre de canne

1. Dans un verre à whisky, versez le rhum blanc

2. Pressez le jus d'un demi-citron vert dans le verre

3. Ajoutez le sucre de canne

4. Mélangez bien le tout

5. Servir et déguster.

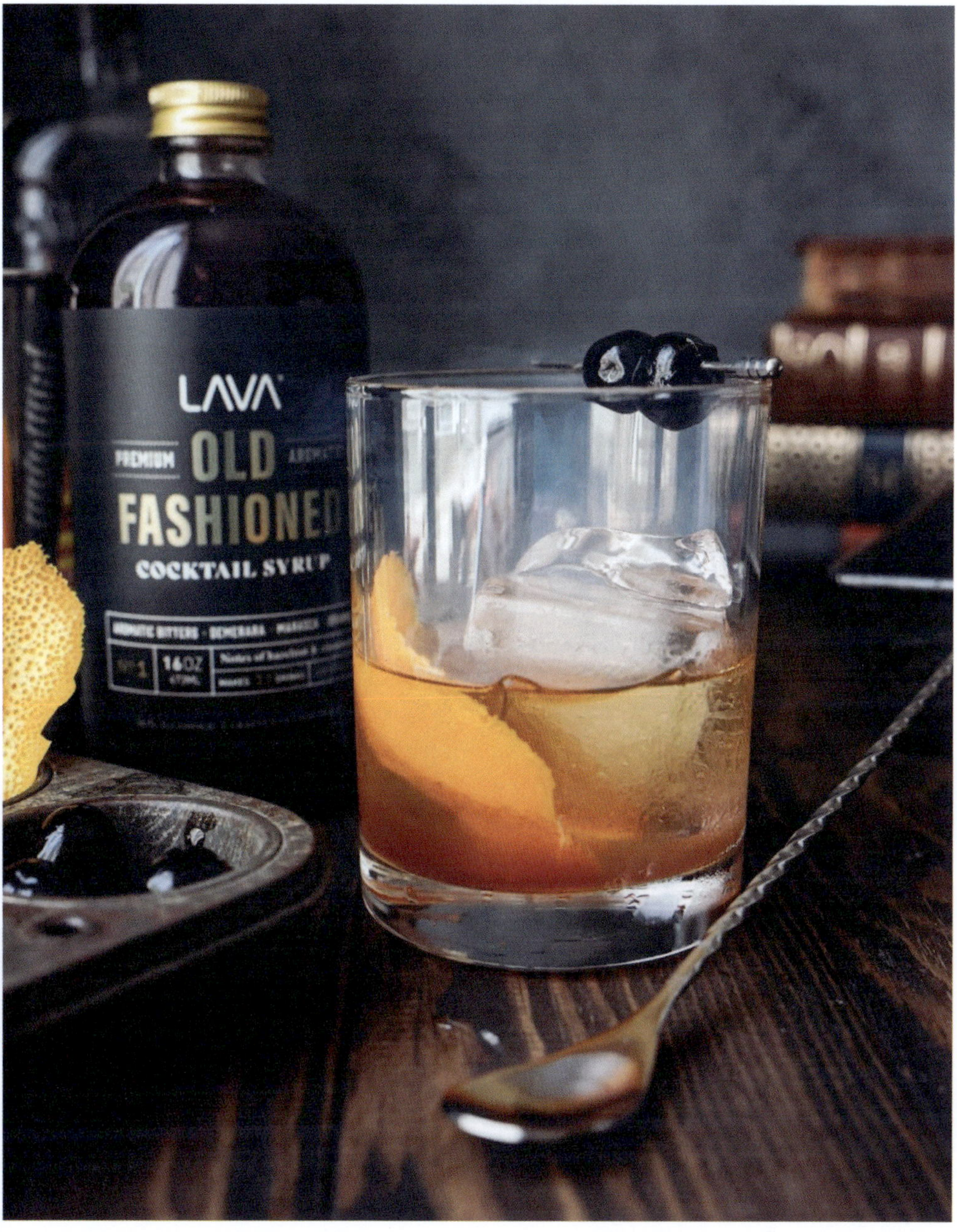
LAVA
PREMIUM
OLD
FASHIONED
COCKTAIL SYRUP
16OZ

MAI-KAI SWIZZLE

INGREDIENTS

- 2,5 cl de rhum blanc
- 2,5 cl de rhum ambré
- 2 cl de jus de canne
- 2 cl de jus de citron vert
- 2 cl de sirop de grenadine
- 2 cl de sirop d'orgeat
- 1 cl de sirop de menthe
- 2 traits d'Angostura bitters

1. Dans un shaker à cocktail, ajouter tous les ingrédients et remplir à moitié de glace pilée.

2. Agiter vigoureusement pendant environ 20 secondes.

3. Verser votre mélange dans un verre à Collins ou à Long Drink et garnir avec un zeste de citron vert.

4. Servir et déguster.

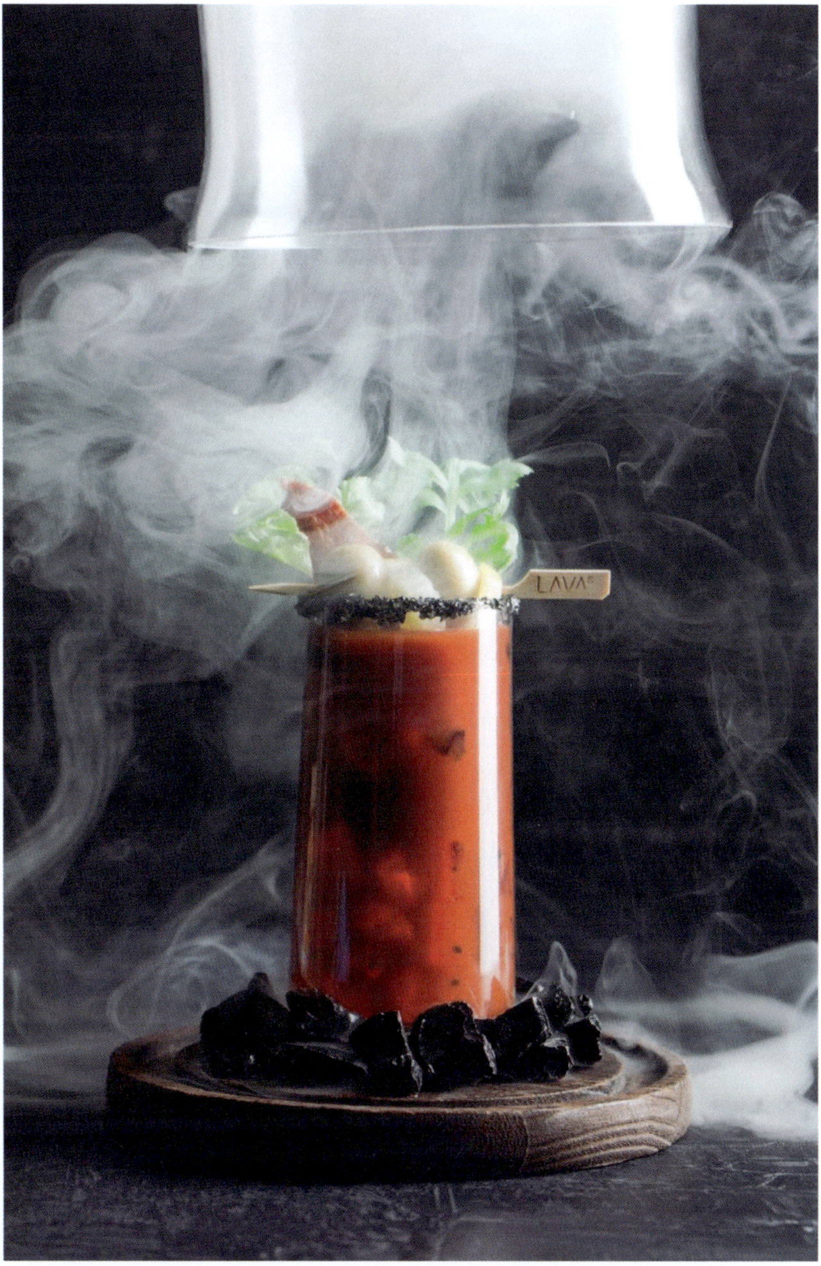
LAVA

Fog Cutter

INGREDIENTS

- 2 cl de rhum blanc
- 2 cl de gin
- 2 cl de cognac
- 2 cl de jus de citron jaune
- 2 cl de sirops de sucre de canne
- 1 cl d'orange Curaçao
- 1 cl de jus d'ananas
- 1 cuillère à café de sirop d'orgeat
- 2 tranches d'ananas pour la décoration

1. Préparer un shaker avec de la glace.

2. Ajouter tous les ingrédients, sauf l'orange Curaçao et l'orgeat.

3. Bien secouer le shaker pendant environ 10 secondes.

4. Filtrer le cocktail dans un verre à mélange.

5. Ajouter l'orange Curaçao et le sirop d'orgeat.

6. Placer les tranches d'ananas sur le bord du verre pour la décoration.

7. Servir et déguster.

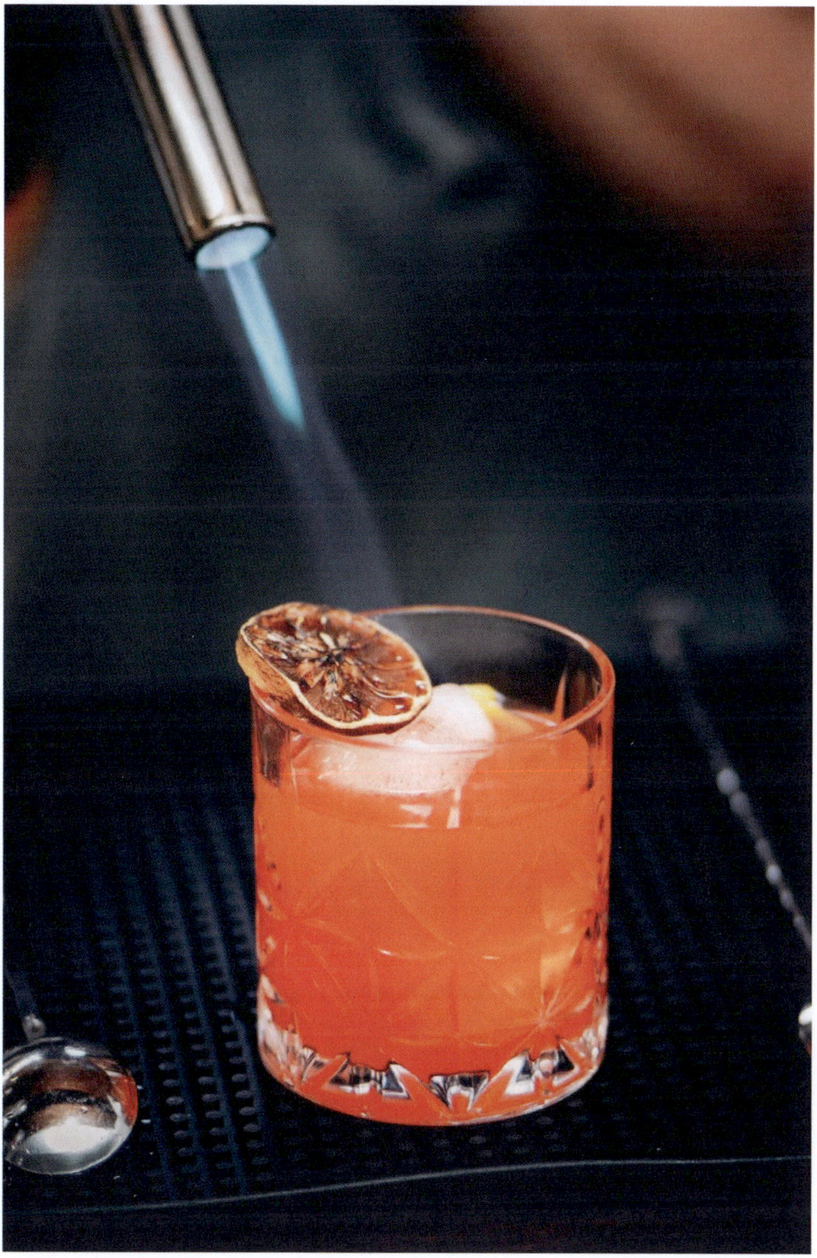

CARIBBEAN BREEZE

INGREDIENTS

- 75 ml de Rhum Blanc
- 15 ml de Jus de Citron
- 15 ml de Jus d'Ananas
- 7 ml de Jus de Canneberge
- 7 ml de Sirop de Sucre
- 60 ml de Ginger Ale

1. Dans un shaker rempli de glaçons, ajoutez le rhum blanc, le jus de citron, le jus d'ananas, le jus de canneberge et le sirop de sucre.

2. Secouez le shaker vigoureusement pendant 15 secondes.

3. Versez le mélange dans un verre à cocktails rempli de glaçons.

4. Complétez avec du Ginger Ale et mélangez légèrement.

5. Décorez avec une tranche d'ananas et une cerise.

6. Servir et déguster.

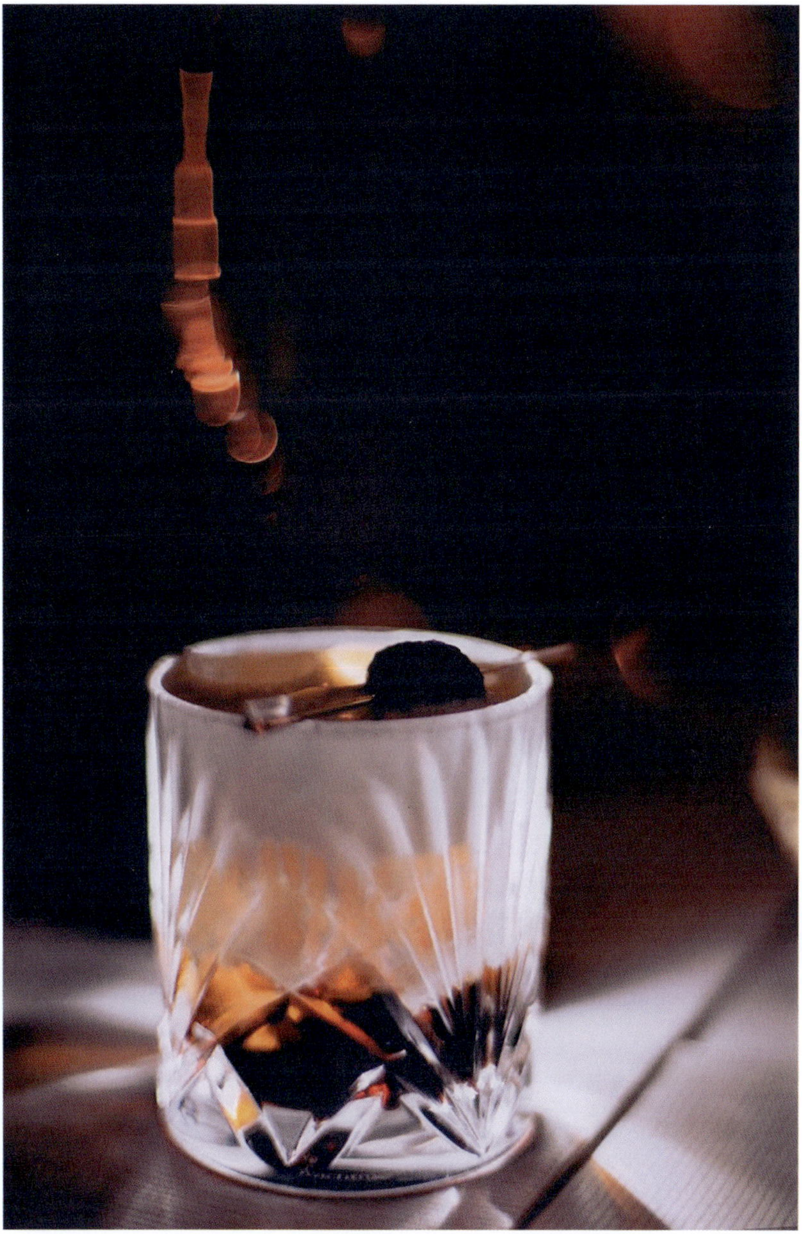

Dirty Banana

INGREDIENTS

- 1 banane mûre
- 2 cl de rhum ambré
- 1 cl de jus de citron
- 2 cl de sirop de banane
- 2 cl de crème de cacao
- Glace pilée
- Chantilly

1. Couper la banane en tranches.

2. Dans un shaker, mélanger la banane, le rhum, le jus de citron, le sirop de banane et la crème de cacao.

3. Ajouter de la glace pilée et secouer bien.

4. Verser dans un verre à cocktail et garnir de chantilly.

5. Servir et déguster.

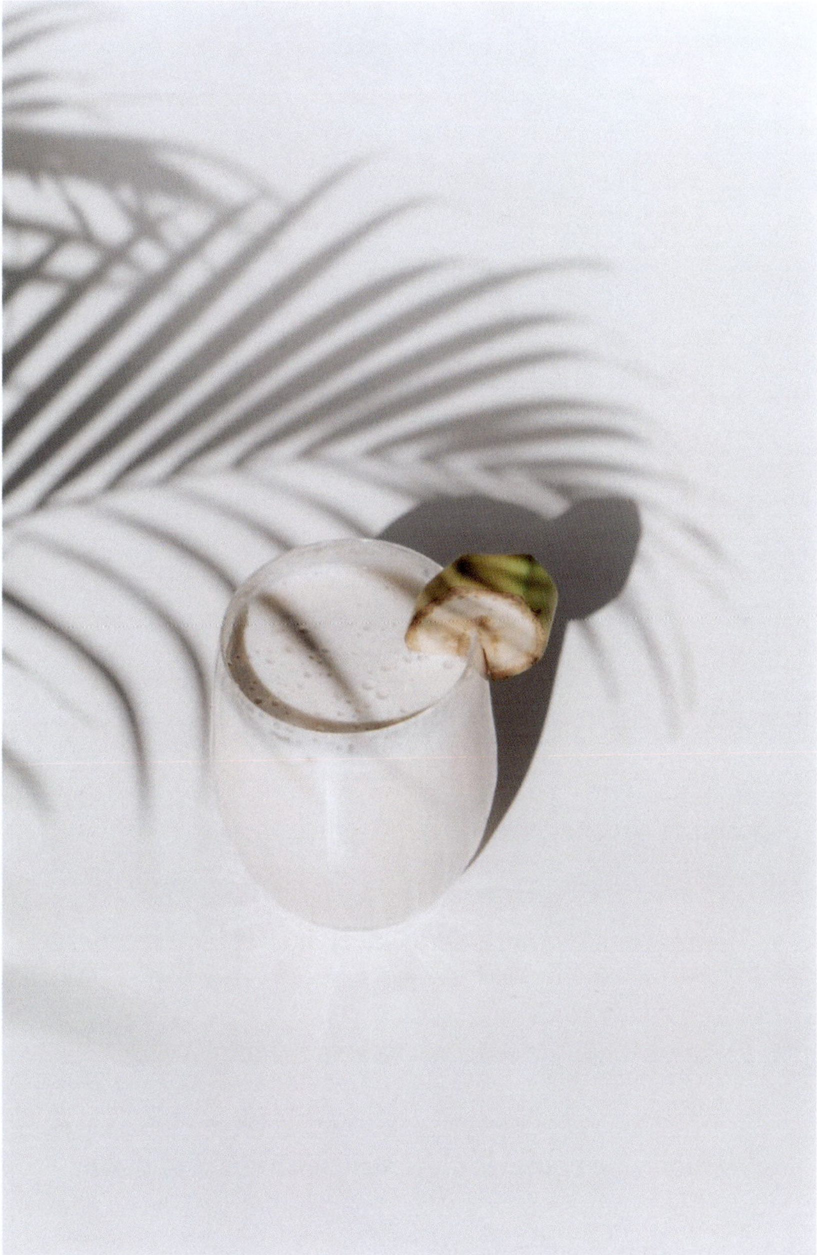

DARK AND SPICY

INGREDIENTS

- 45 ml de rhum brun
- 15 ml de jus de canneberge
- 15 ml de jus d'ananas
- 3 gouttes de Tabasco
- 2 gouttes de Worcestershire
- 1 trait de jus de citron
- 2 boules de glace

1. Remplir un shaker à moitié de glace.

2. Ajouter tous les ingrédients au shaker et bien secouer.

3. Verser le mélange dans un verre à mélange.

4. Ajouter une boule de glace supplémentaire et garnir avec une tranche d'ananas.

5. Servir et déguster.

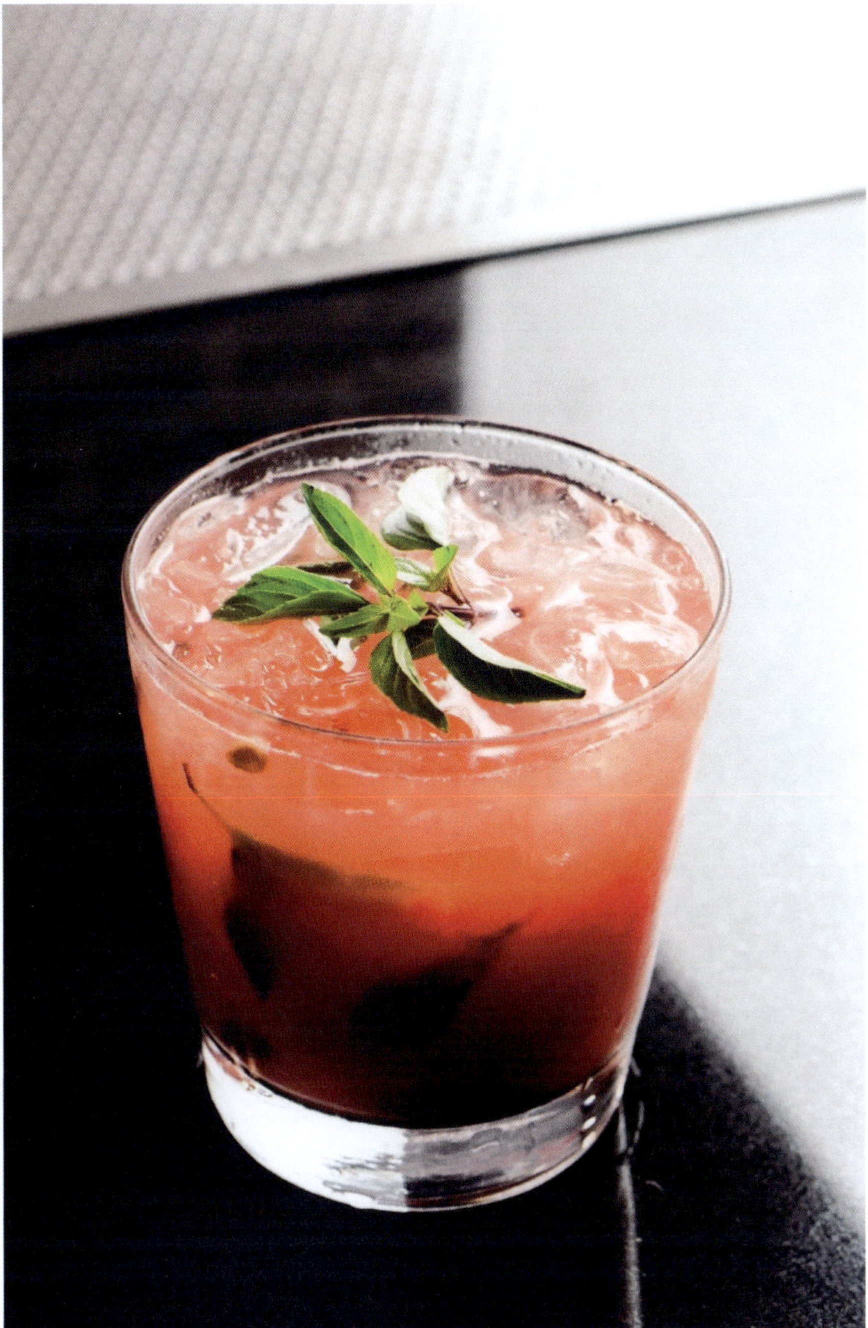

RUM RUNNER

INGREDIENTS

- 2 cl de rhum blanc
- 2 cl de rhum ambré
- 2 cl de jus d'ananas
- 1 cl de jus de canneberge
- 1 cl de sirop de sucre de canne
- 2 cl de jus de citron
- 1 tranche de citron

1. Remplissez un verre à mélange avec de la glace.

2. Versez le rhum blanc, le rhum ambré, le jus d'ananas, le jus de canneberge, le sirop de sucre de canne et le jus de citron dans un shaker.

3. Secouez le tout vigoureusement et versez le contenu dans un verre à cocktail rempli de glace et garnissez d'un citron.

4. Servir et déguster.

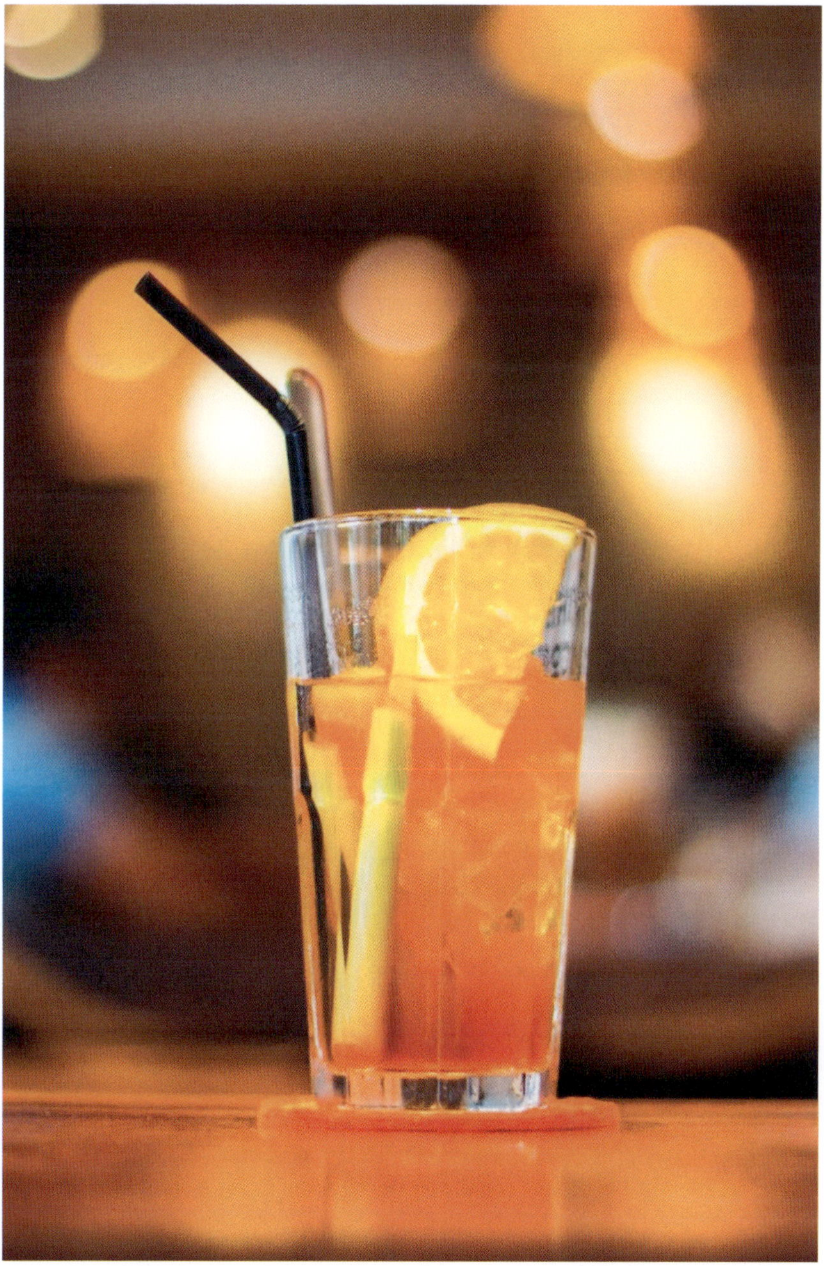

Bahama Mama

INGREDIENTS

- 2 cl de rhum blanc
- 2 cl de tequila
- 2 cl de jus d'ananas
- 2 cl de jus d'orange
- 1 cl de jus de citron
- 2 cl de sirop de coco
- 2 cl de sirop de grenadine
- 1 tranche de citron
- 1 tranche d'orange

1. Dans un shaker rempli de glace pilée, versez le rhum blanc, la tequila, le jus d'ananas, le jus d'orange, le jus de citron, le sirop de coco et le sirop de grenadine.

2. Remuez bien le tout.

3. Verser le mélange dans un verre à cocktail et garnissez-le avec les tranches de citron et d'orange.

4. Décorez avec une paille.

5. Servir et déguster.

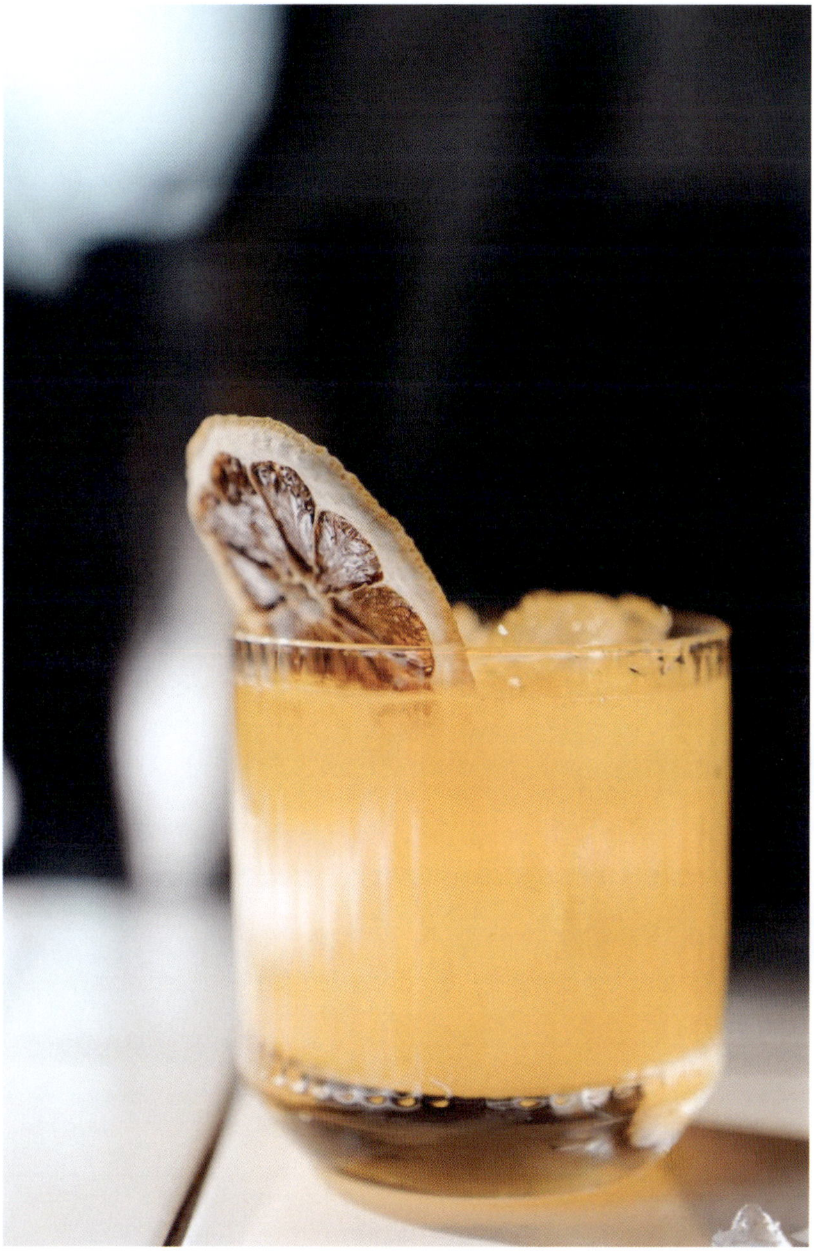

Shark Bite

INGREDIENTS

- 2 cl de Jägermeister
- 2 cl de vodka
- 2 cl de sirop de grenadine
- 4 cl de jus de pamplemousse
- 3 tranches de citron vert

1. Dans un shaker, ajoutez tous les ingrédients (Jägermeister, vodka, sirop de grenadine et jus de pamplemousse).

2. Remplissez le shaker avec des glaçons et mélangez bien.

3. Versez le mélange dans un verre à cocktail.

4. Ajoutez les tranches de citron vert sur le dessus pour décorer.

5. Servir et déguster.

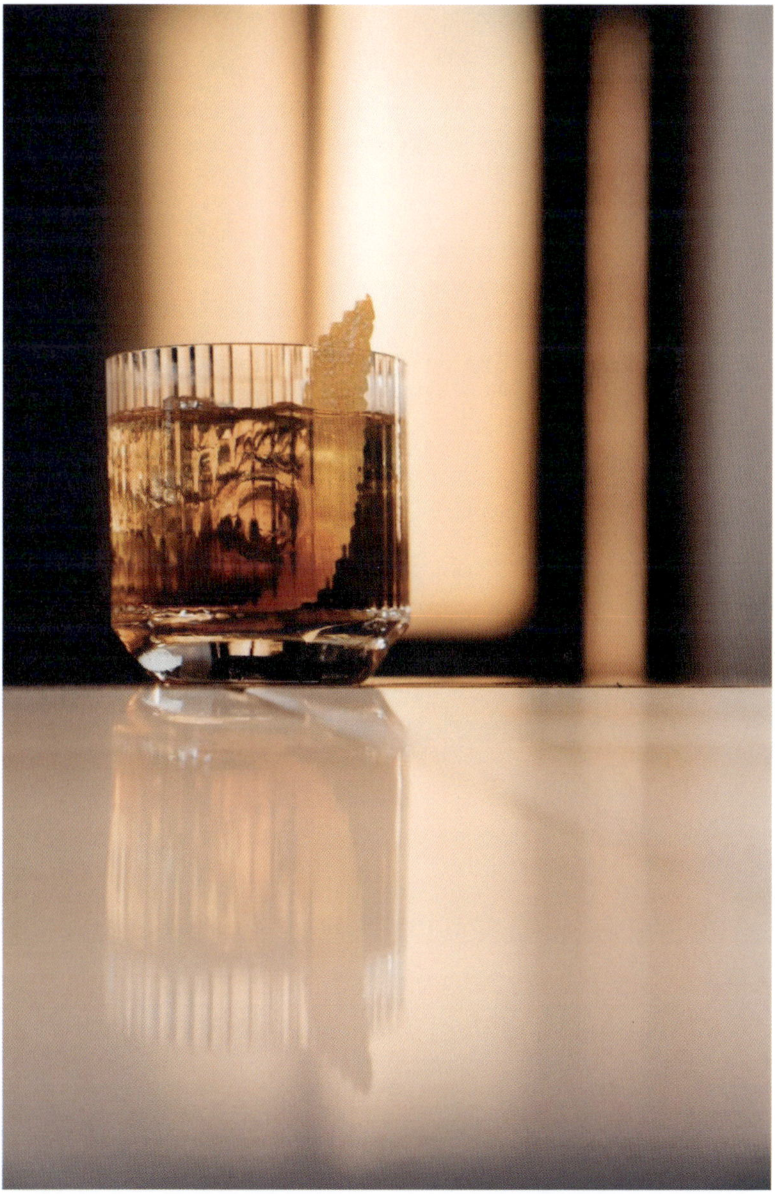

Jamaican Smile

INGREDIENTS

- 2 cl de rhum blanc
- 2 cl de rhum ambré
- 2 cl de jus d'ananas
- 2 cl de jus de citron vert
- 2 cl de sirop de sucre de canne
- 1/2 tranche de gingembre frais

1. Dans un shaker, mélanger le rhum blanc, le rhum ambré, le jus d'ananas, le jus de citron vert et le sirop de sucre de canne.

2. Ajouter des glaçons et mélanger.

3. Filtrer le mélange dans un verre à mélange rempli de glaçons.

4. Garnir de tranches de gingembre frais.

5. Servir et déguster.

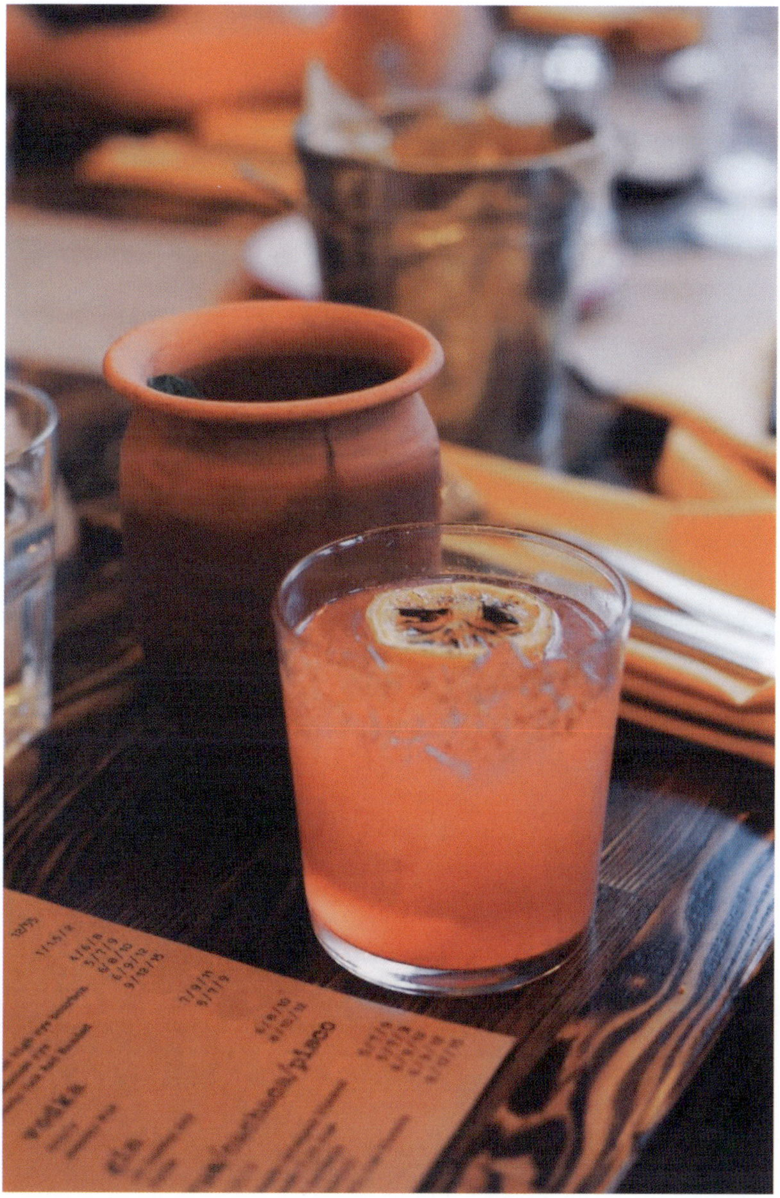

GRAPEFRUIT DELIGHT

INGREDIENTS

- 2 cl de Jägermeister
- 2 cl de vodka
- 2 cl de sirop de grenadine
- 4 cl de jus de pamplemousse
- 3 tranches de citron vert

1. Remplissez un shaker à moitié avec des glaçons.

2. Ajoutez le rhum, le jus de citron vert, le sirop de coco et la liqueur de coco.

3. Secouez la préparation pendant 30 secondes.

4. Placez un mélangeur à l'intérieur d'un verre à mélanger et versez le contenu du shaker.

5. Remuez pendant 30 secondes.

6. Versez le contenu du verre à mélanger dans un verre à cocktails.

7. Décorez le cocktail avec une tranche de citron vert.

8. Servir et déguster.

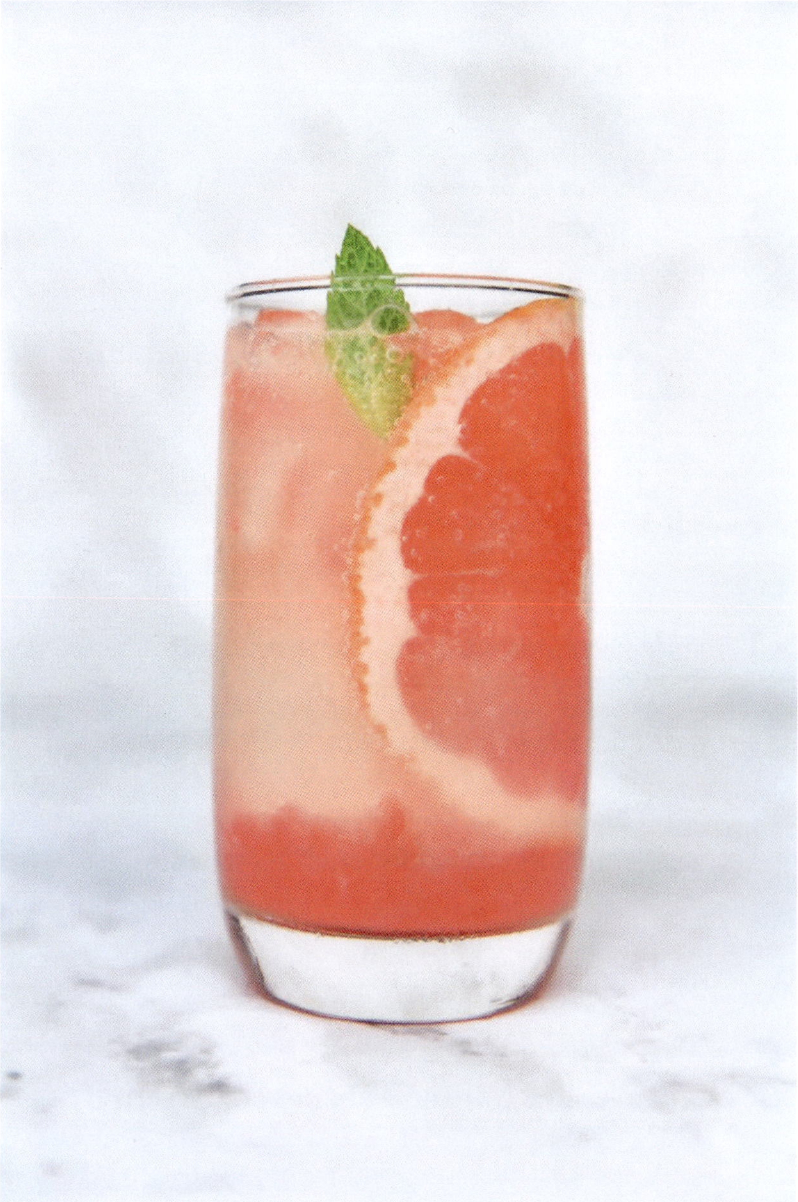

Blue Hawaiian

INGREDIENTS

- 3 cl de rhum blanc
- 3 cl de jus d'ananas
- 1,5 cl de curaçao bleu
- 1,5 cl de sirop de sucre
- 3 cl de jus de citron
- glaçons

1. Remplissez un shaker de glaçons.

2. Versez le rhum blanc, le jus d'ananas, le curaçao bleu, le sirop de sucre et le jus de citron.

3. Secouez le mélange pendant environ 30 secondes.

4. Versez le tout dans un verre à cocktail.

5. Décorez avec une tranche d'ananas et une cerise.

6. Servir et déguster.

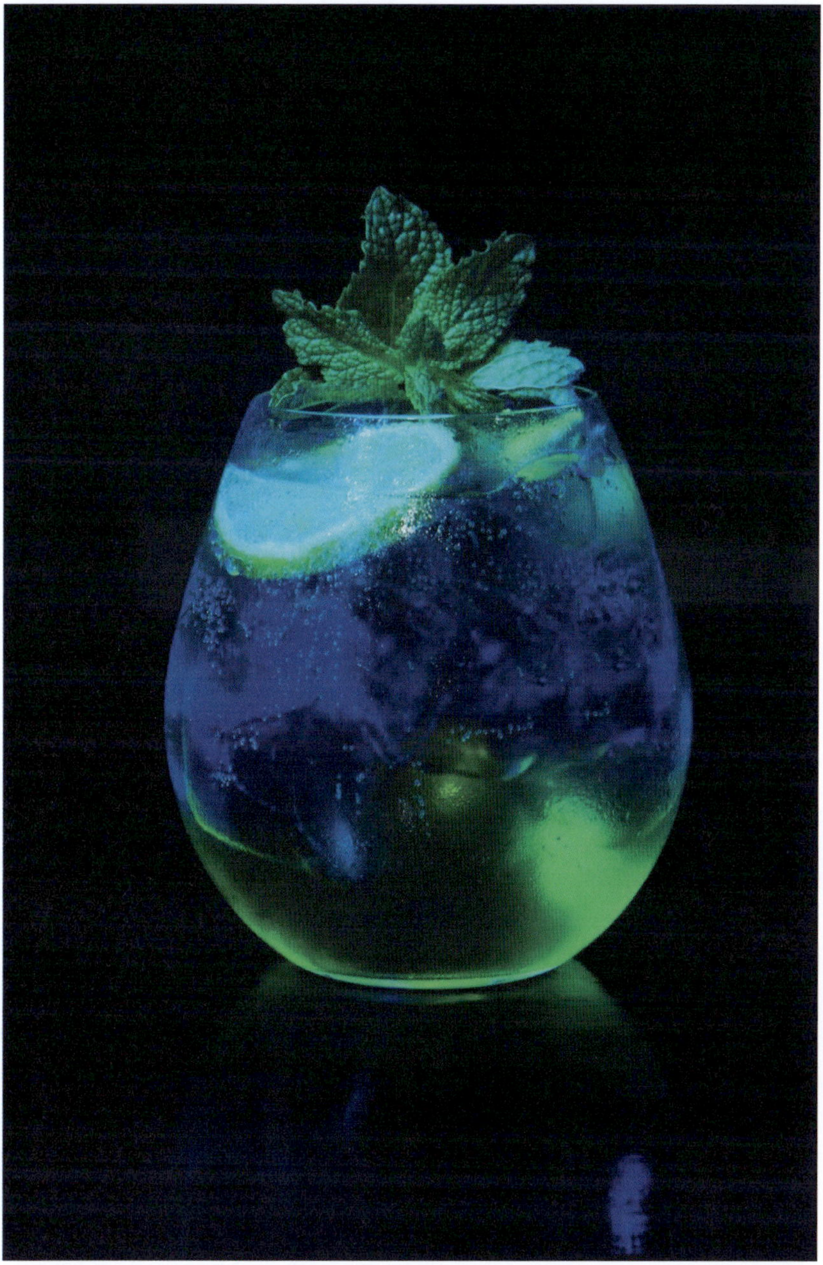

RUM MANHATTAN

INGREDIENTS

- 2cl de rhum
- 2cl de vermouth rouge
- 2cl de jus de cerise
- 1cl de sirop de sucre
- 2 glaçons

1. Dans un shaker avec deux glaçons, versez les ingrédients : rhum, vermouth rouge, jus de cerise et sirop de sucre.

2. Agitez vigoureusement le shaker pendant 15 à 20 secondes.

3. Filtrez le cocktail dans un verre à mélange.

4. Versez dans un verre à cocktail.

5. Décorez avec une cerise au marasquin.

6. Servir et déguster.

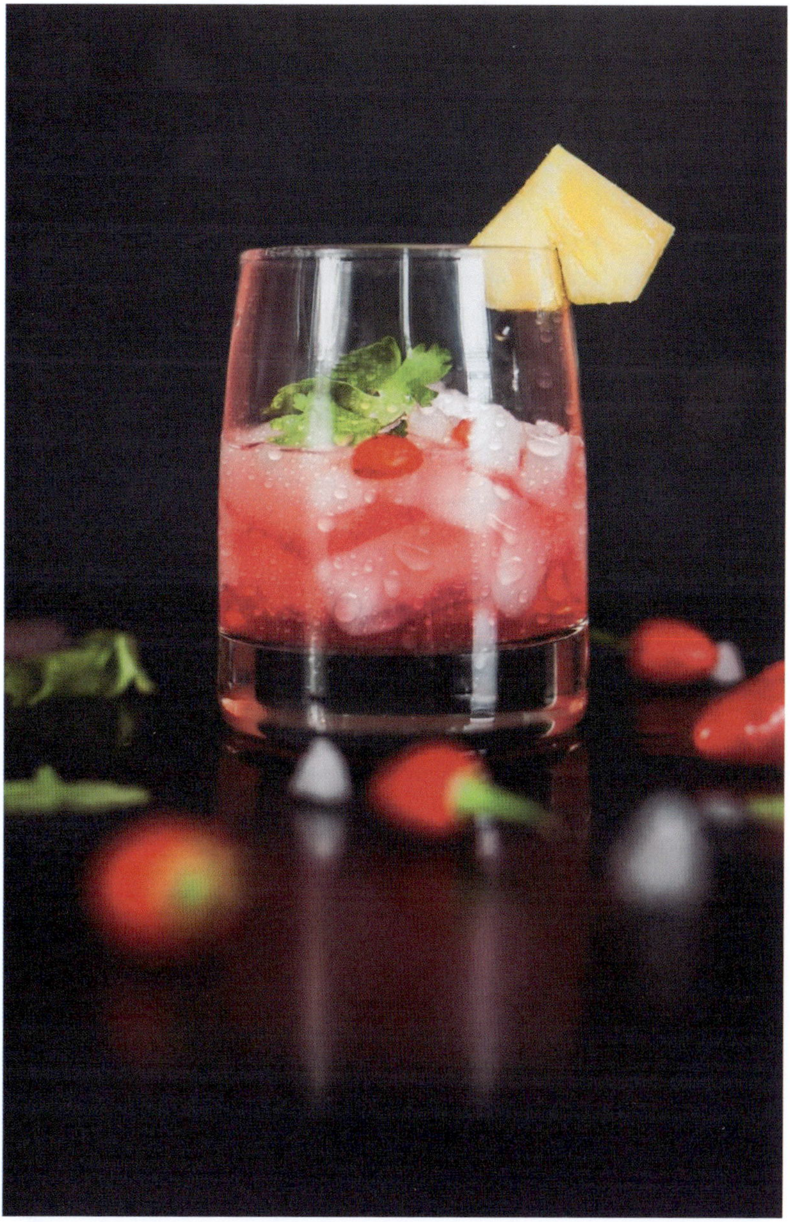

Banana Daiquiri

INGREDIENTS

- 2 tranches de bananes mûres
- 2 cl de jus de citron vert
- 2 cl de sirop de sucre de canne
- 6 cl de rhum blanc
- 4 glaçons

1. Écrasez les bananes avec une fourchette dans un shaker.

2. Ajoutez le jus de citron vert, le sirop de sucre de canne et le rhum blanc.

3. Secouez vigoureusement le mélange pendant 30 secondes.

4. Ajoutez les glaçons et secouez à nouveau.

5. Versez le mélange dans un verre à cocktail et décorez avec une tranche de banane.

6. Servir et déguster.

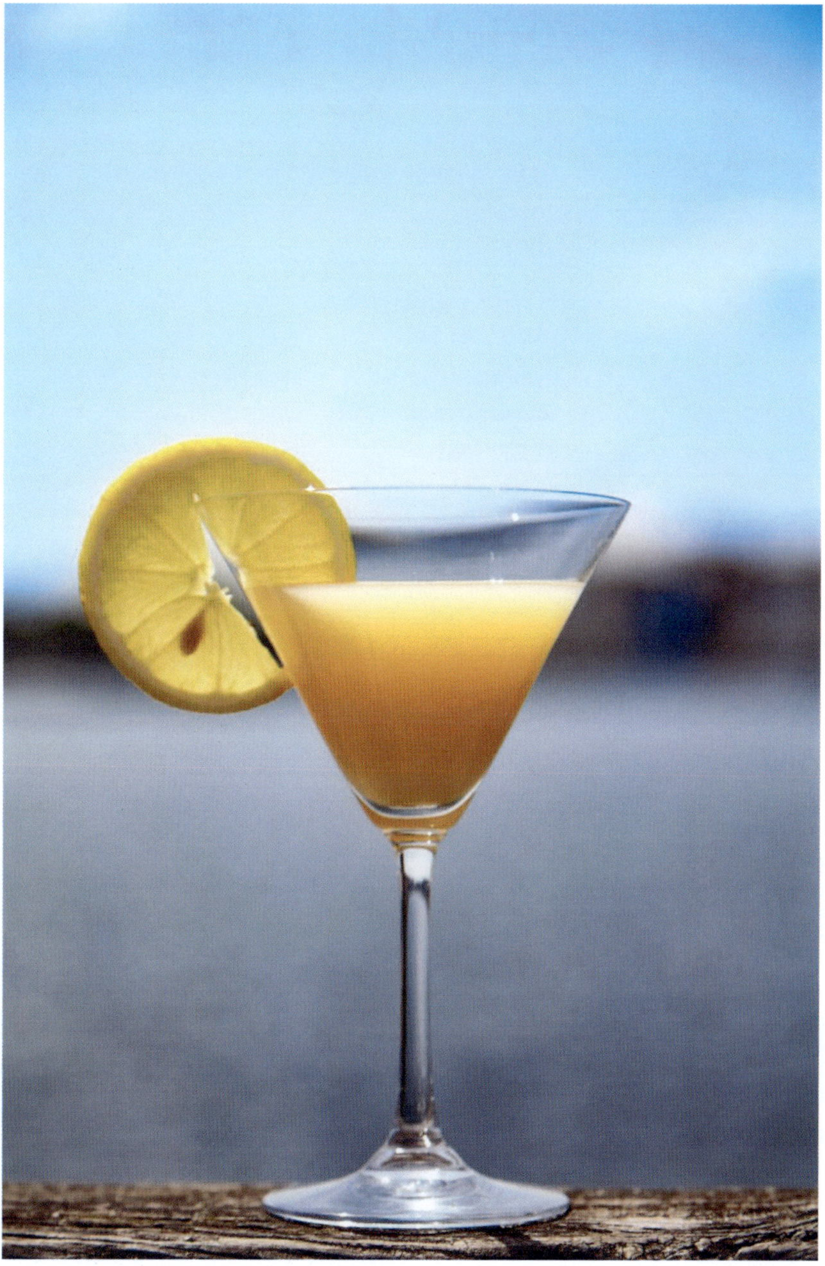

Coco Loco

INGREDIENTS

- 3 cl de rhum blanc
- 3 cl de liqueur de coco
- 6 cl de jus d'ananas
- 2 cl de jus de citron vert
- 2 tranches d'ananas
- 2 cl de sirop de sucre de canne

1. Remplir un shaker de glace pilée.

2. Ajouter le rhum blanc, la liqueur de coco, le jus d'ananas, le jus de citron vert et le sirop de sucre de canne.

3. Agiter le shaker vigoureusement pendant 10 secondes.

4. Verser le contenu du shaker dans un verre à cocktail.

5. Décorer avec les tranches d'ananas.

6. Servir et déguster.

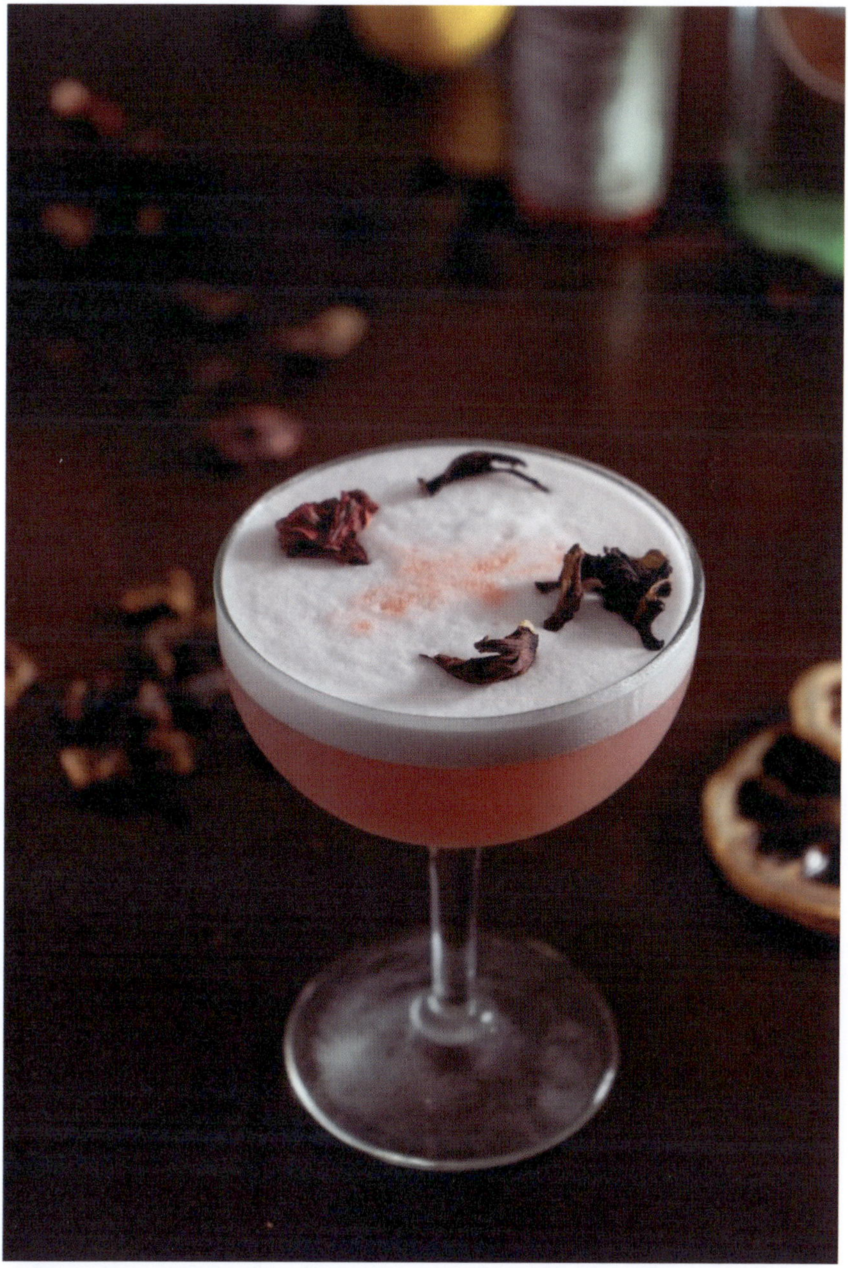

RUM PUNCH

INGREDIENTS

- 50 ml de rhum brun
- 25 ml de jus d'ananas
- 10 ml de jus de lime
- 5 ml de sirop de sucre de canne
- 2 glaçons

1. Dans un verre à mélange, ajoutez le rhum, le jus d'ananas, le jus de lime et le sirop de sucre de canne.

2. Remuez bien le mélange jusqu'à ce que le sirop de sucre soit complètement dissous.

3. Ajoutez les glaçons et mélangez à nouveau.

4. Versez le punch dans un verre à cocktail.

5. Servir et déguster

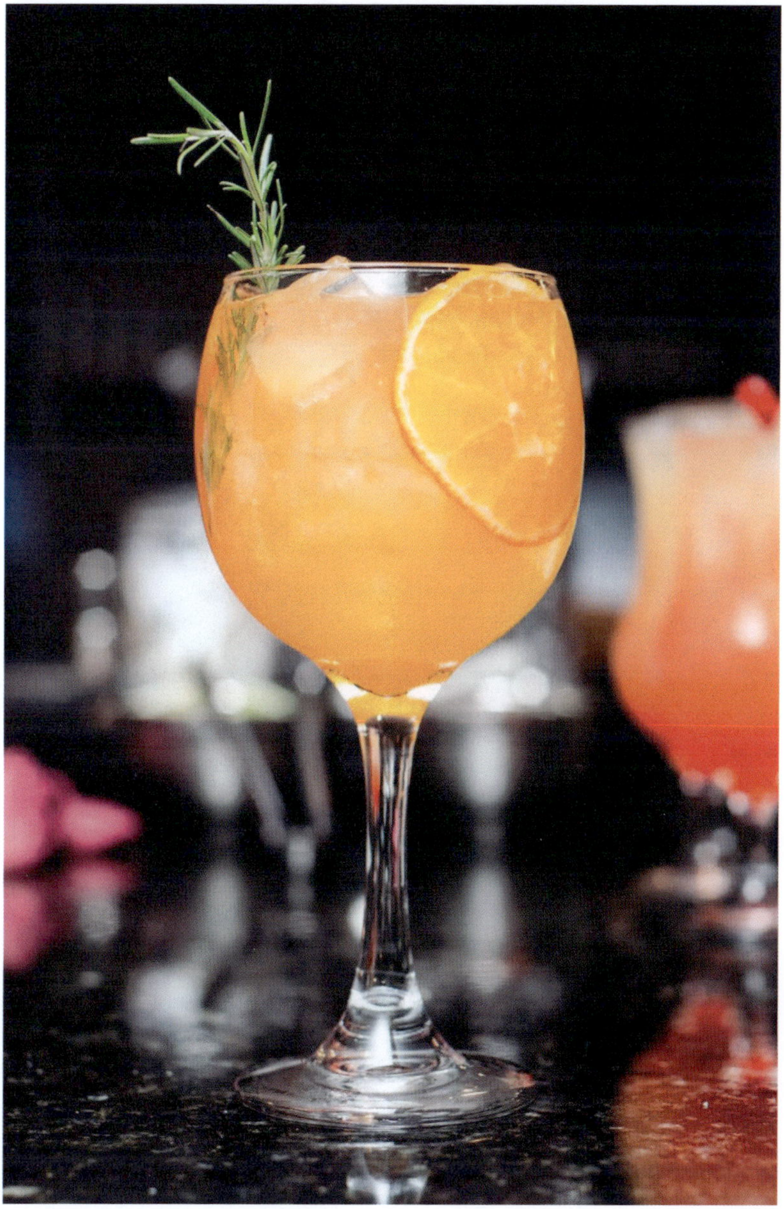

TIKI TEA

INGREDIENTS

- 25ml de jus de citron
- 25ml de jus d'ananas
- 25ml de sirop de sucre de canne
- 25ml de rhum blanc
- 25ml de rhum brun
- 50ml de liqueur de fruits exotiques
- 25ml de triple sec
- 25ml de jus de tomates
- 2 gouttes d'Angostura

1. Dans un shaker, ajoutez le jus de citron, le jus d'ananas, le sirop de sucre de canne, le rhum blanc, le rhum brun, la liqueur de fruits exotiques, le triple sec et le jus de tomates et 2 gouttes d'Angostura.

2. Agitez le tout vigoureusement.

3. Versez le mélange dans un verre de type "rocks" rempli de glaçons.

4. Décorez avec une tranche de citron et une feuille de menthe.

5. Servir et déguster

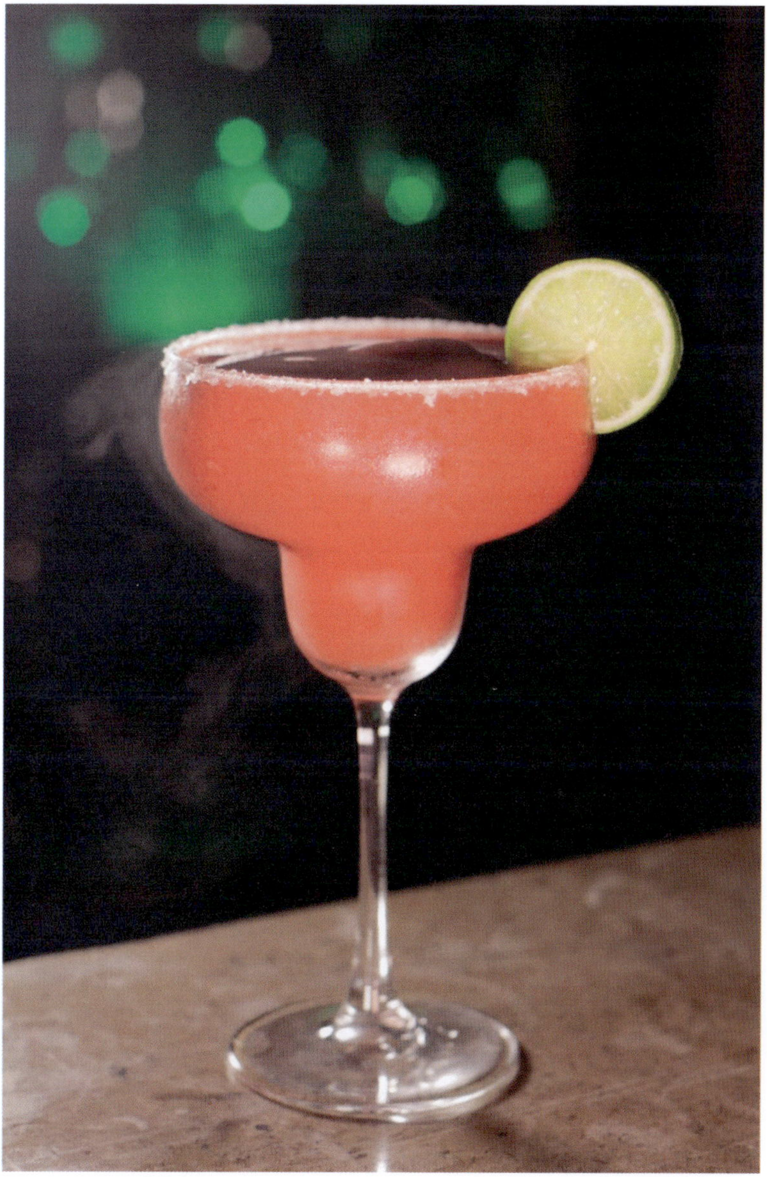

Rum Sour

INGREDIENTS

- 2 cl de rhum
- 2 cl de jus de citron
- 1 cl de sirop de sucre
- 1 goutte d'angostura
- 1 tranche de citron

1. Dans un shaker, mélangez le rhum, le jus de citron et le sirop de sucre.

2. Ajoutez des glaçons jusqu'à ce que le shaker soit bien rempli.

3. Secouez le shaker vigoureusement pendant environ 10 secondes.

4. Versez le mélange dans un verre à mélange ou un verre à cocktail.

5. Ajoutez une goutte d'Angostura et une tranche de citron.

6. Servir et déguster.

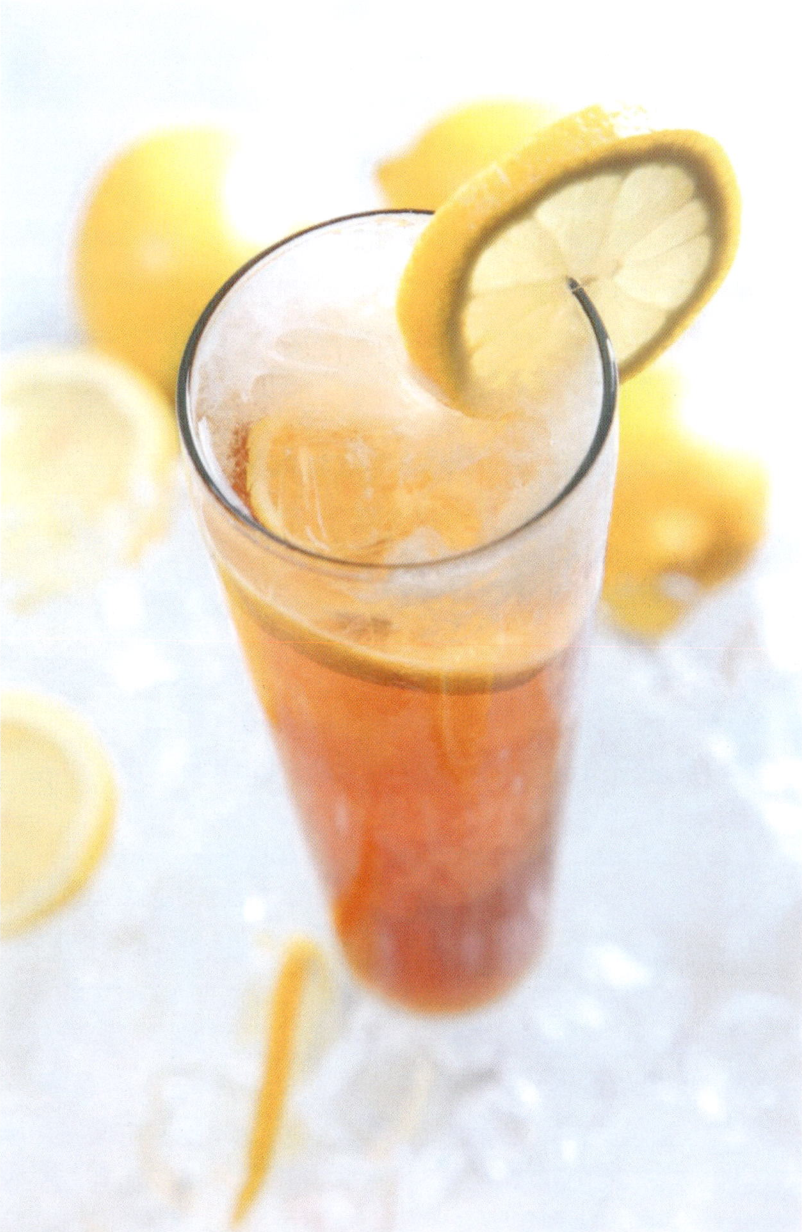

Pisco Punch

INGREDIENTS

- 60 ml de Pisco
- 30 ml de jus de citron vert
- 22 ml de sirop simple
- 2 traits d'angostura bitters

1. Dans un shaker, ajouter le Pisco, le jus de citron vert, le sirop simple et les Angostura bitters.

2. Remplir le shaker de glace et bien secouer.

3. Verser le Pisco Punch dans un verre à mélange ou un verre à Cocktail préalablement refroidi.

4. Décorer avec un zeste de citron vert.

5. Servir et déguster.

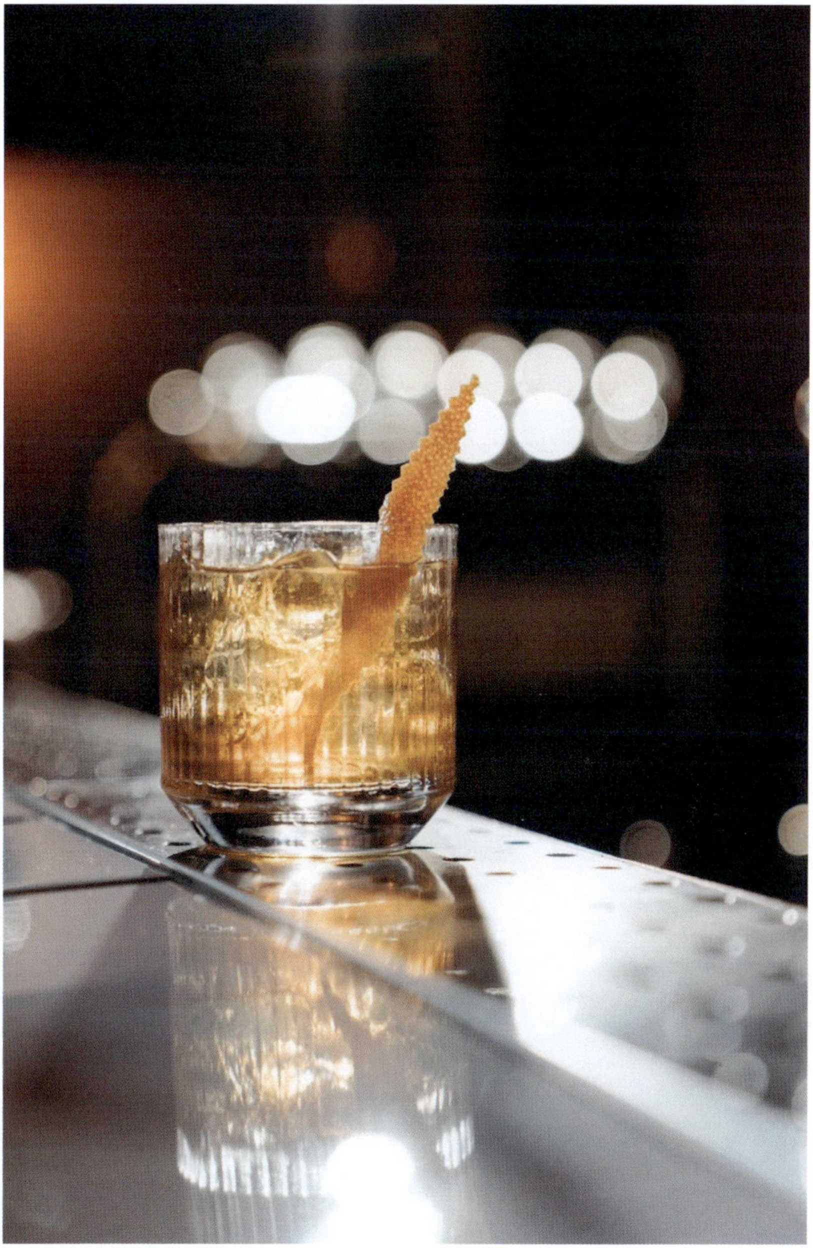

SHARK ATTACK

INGREDIENTS

- 2 cl de rhum blanc
- 2 cl de jus de citron vert
- 2 cl de jus d'ananas
- 2 cl de sirop de grenadine
- 2 tranches de citron

1. Dans un verre à mélange, verser le rhum et le jus de citron vert.

2. Ajouter le jus d'ananas et le sirop de grenadine. Remuer doucement jusqu'à ce que les ingrédients soient bien mélangés.

3. Garnir le verre d'une tranche de citron et ajouter de la glace.

4. Remplir le verre avec de la glace.

5. Servir et déguster.

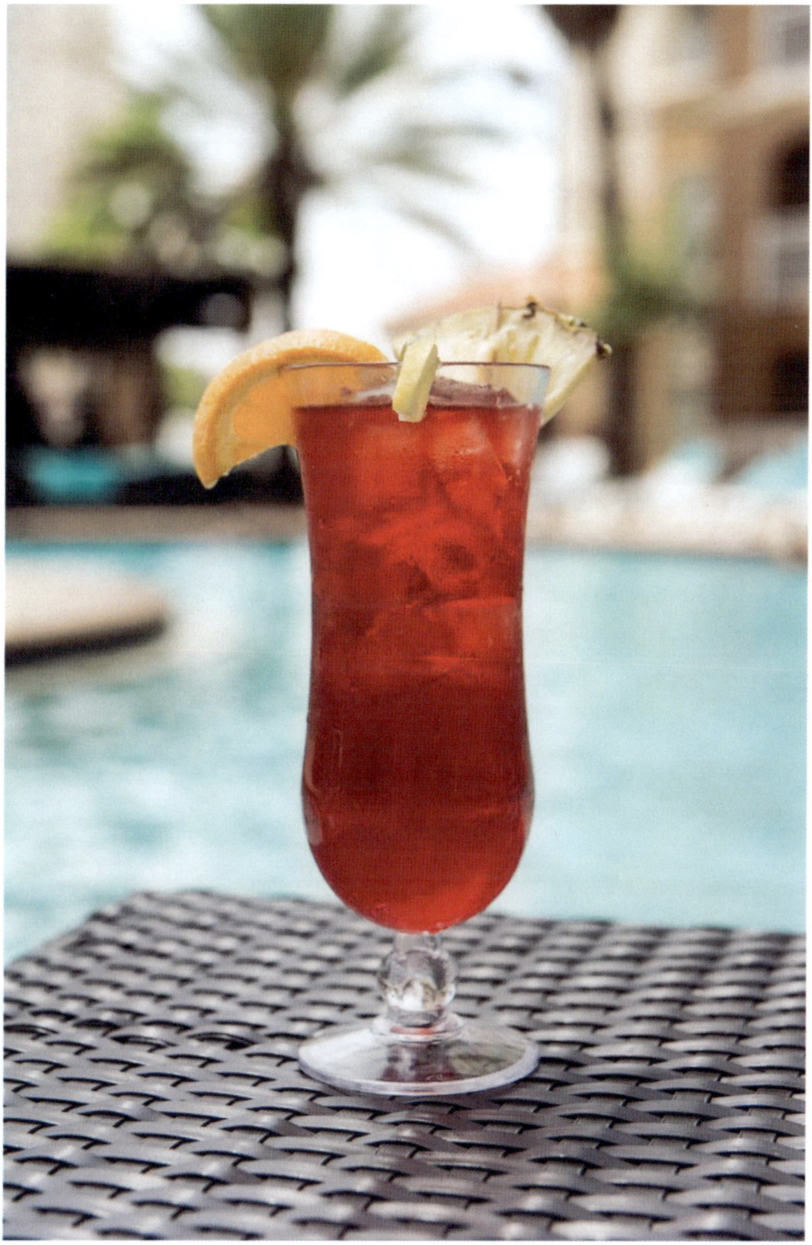

RUM SWIZZLE

INGREDIENTS

- 4 cl de Rhum brun
- (De préférence du rhum Jamaïcain)
- 2 cl de jus de citron vert
- 2 cl de sirop de grenadine
- 2 cl de jus d'ananas
- 2 cl de jus de canne à sucre
- 2 cl de jus d'orange

1. Dans un shaker, mélanger le rhum, le jus de citron vert, le sirop de grenadine, le jus d'ananas, le jus de canne à sucre et le jus d'orange.

2. Ajouter les glaçons et secouer vigoureusement.

3. Verser le mélange dans un verre de type tumbler.

4. Décorer avec une tranche d'orange et une cerise au marasquin.

5. Servir et déguster.

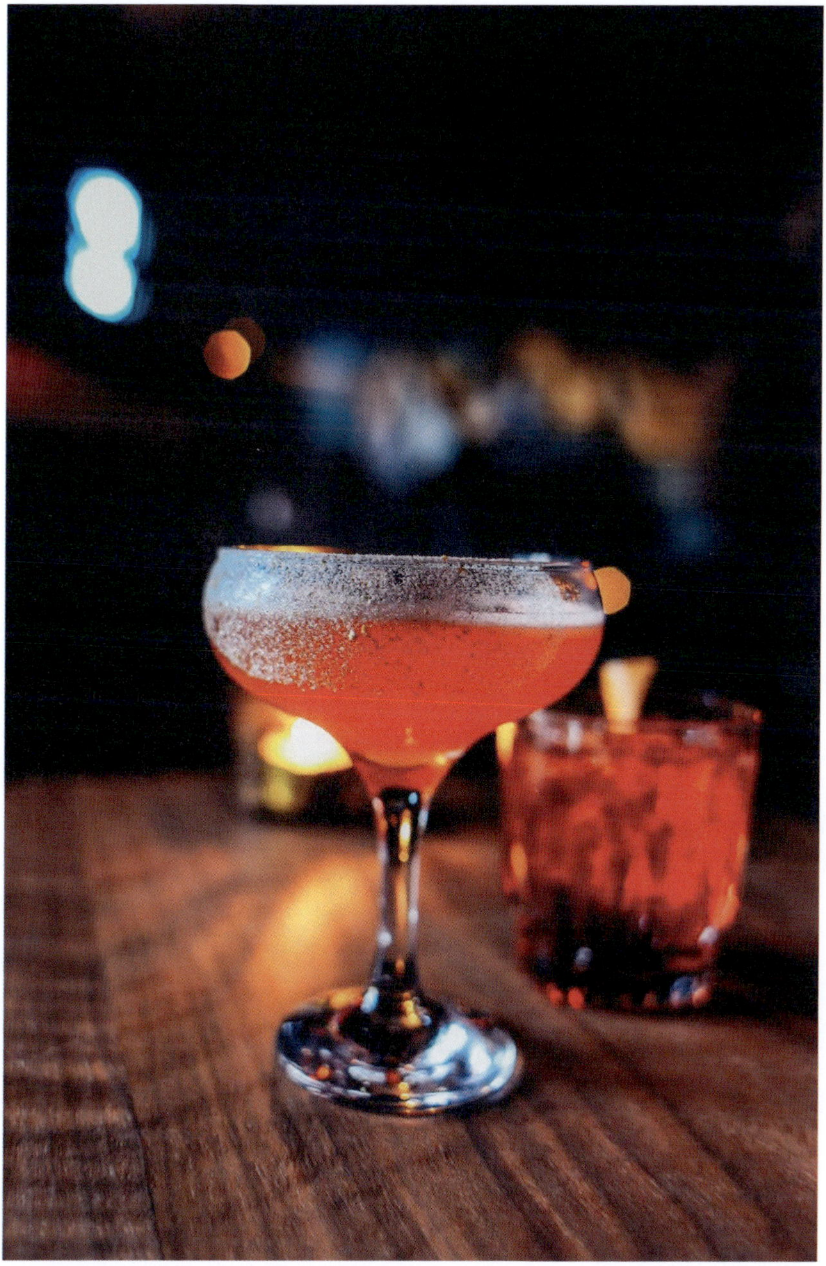

TROPICAL ITCH

INGREDIENTS

- 4 cl de rhum blanc
- 4 cl de jus d'ananas
- 2 cl de jus de citron vert
- 2 cl de sirop de mangue
- 4 glaçons

1. Dans un shaker, mélanger le rhum blanc, le jus d'ananas, le jus de citron vert et le sirop de mangue.

2. Ajouter les glaçons et secouer énergiquement le shaker pendant 15 secondes.

3. Verser le mélange dans un verre à cocktail.

4. Décorer avec une tranche d'ananas et une rondelle de citron vert.

5. Servir et déguster.

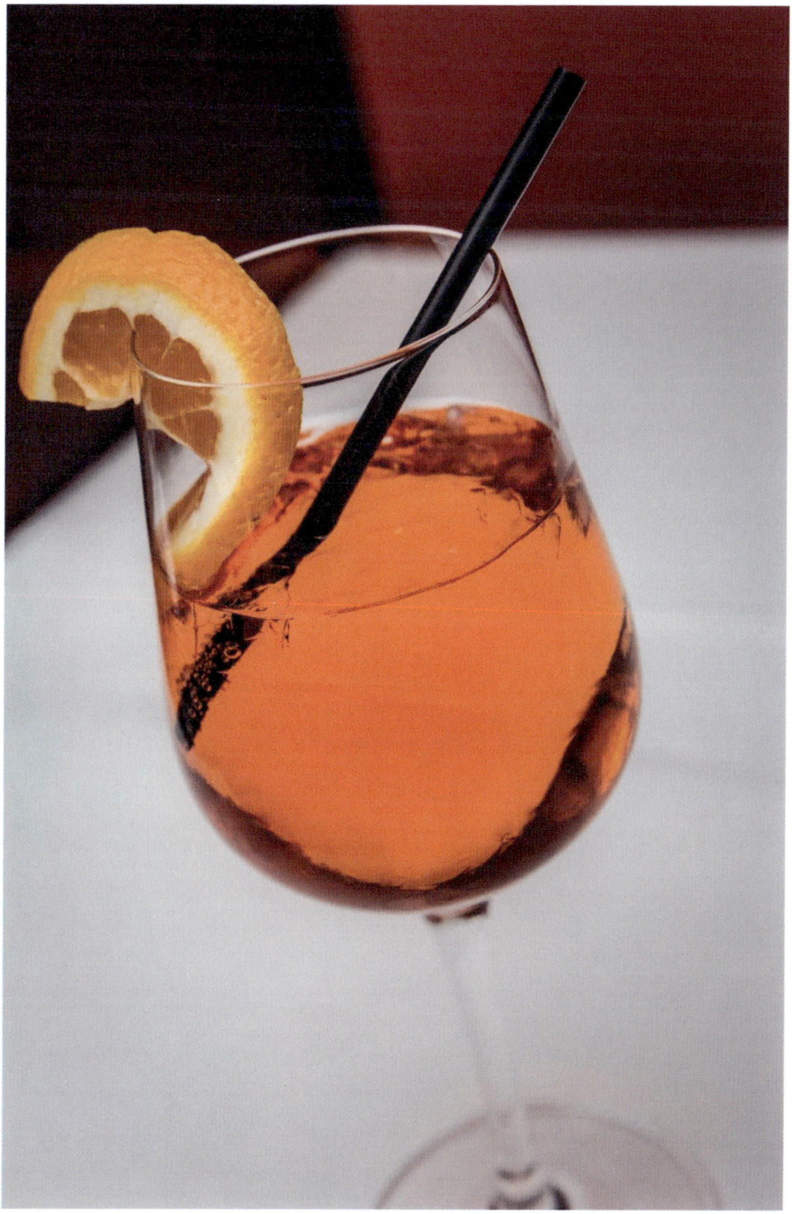

Blue Lagoon

INGREDIENTS

- 2 cl de rhum blanc
- 2 cl de curaçao bleu
- 4 cl de jus de Cranberry
- 4 cl de jus d'ananas

1. Dans un shaker, mélangez le rhum blanc et le curaçao bleu.

2. Ajoutez le jus de cranberry et le jus d'ananas.

3. Secouez le mélange pendant 30 secondes.

4. Versez le mélange dans un grand verre rempli de glaçons.

5. Décorez avec une tranche d'ananas et une rondelle de citron vert.

6. Servir et déguster.

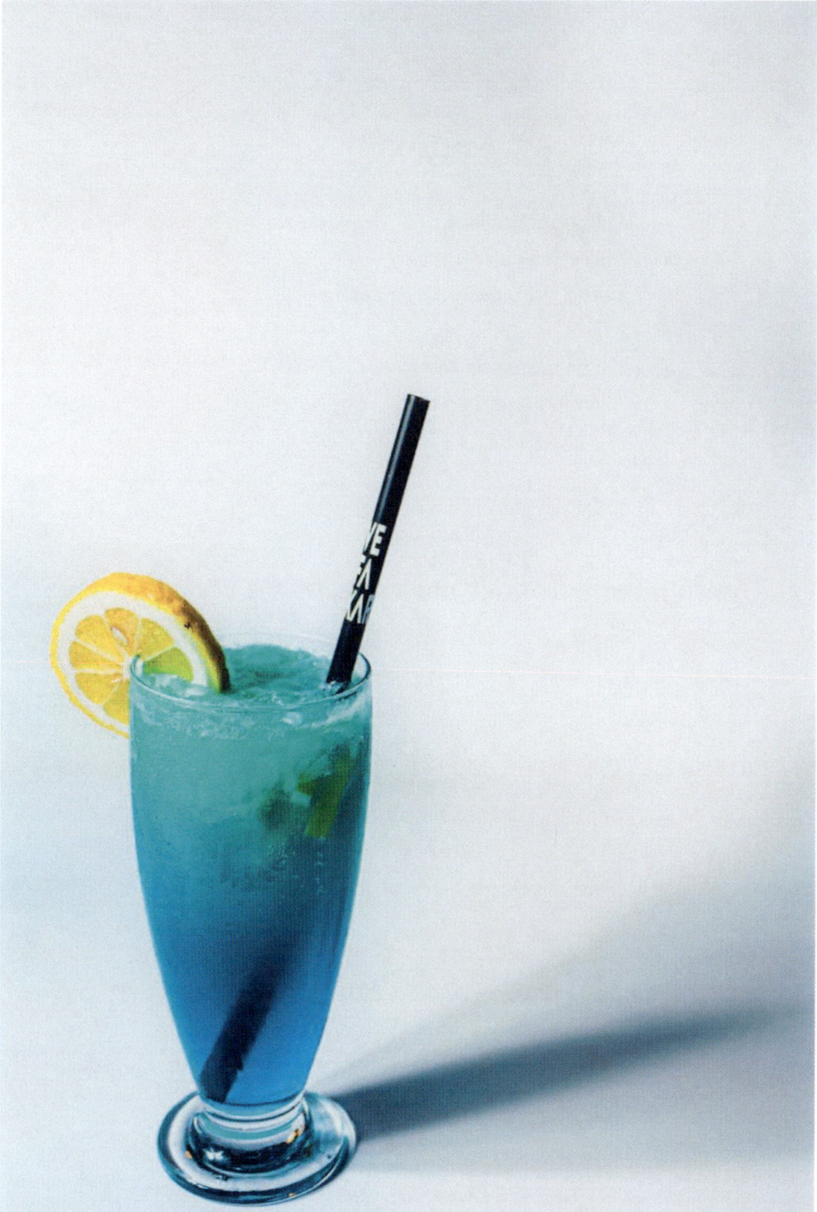

Pina Fizz

INGREDIENTS

- 4 cl de rhum blanc
- 2 cl de jus de citron vert
- 2 cl de sirop de sucre de canne
- 2 cl de jus d'ananas
- 2 cl de crème de coco
- 2cl de liqueur de noix de coco
- Eau gazeuse

1. Dans un verre de taille moyenne, versez le rhum blanc, le jus de citron vert, le sirop de sucre de canne, le jus d'ananas, la crème de coco et la liqueur de noix de coco.

2. Mélangez bien le tout.

3. Remplissez le verre avec de l'eau gazeuse jusqu'en haut.

4. Ajoutez des glaçons et décorez avec une tranche de citron vert.

5. Servir et déguster.

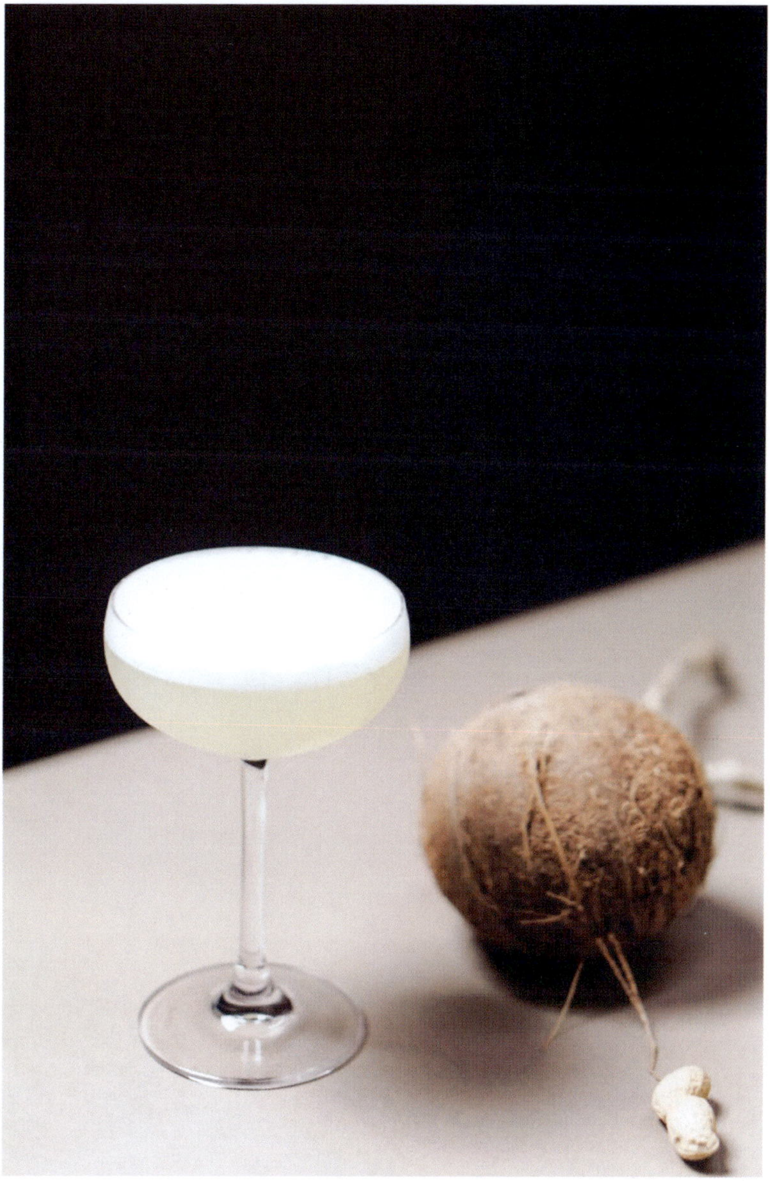

Rum Mule

INGREDIENTS

- 2 cl de rhum
- 2 cl de jus de lime
- 4 cl de Ginger Beer
- 1 tranche de lime

1. Dans un verre haut, ajouter le rhum et le jus de lime.

2. Remplir le verre de glace pilée.

3. Remplir le verre avec la Ginger Beer.

4. Mélanger à l'aide d'une paille. 5. Garnir avec une tranche de lime.

6. Servir et déguster.

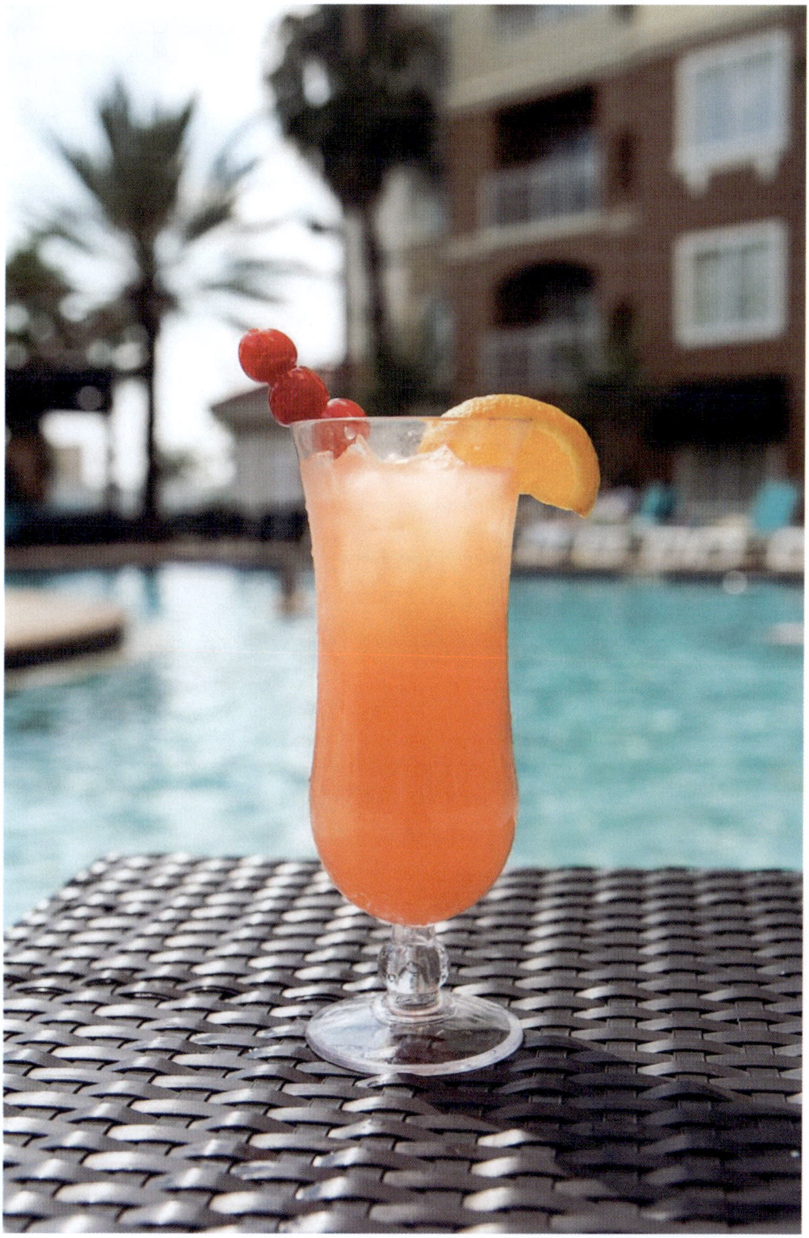

BARBADOS BREEZE

INGREDIENTS

- 2 cl de rhum blanc
- 2 cl de rhum ambré
- 2 cl de jus de cranberry
- 2 cl de jus d'ananas
- 2 cl de jus de citron vert
- 6 cl de jus de tomate
- 1 trait de sirop de grenadine

1. Dans un shaker, ajoutez les rhums blanc et ambré, le jus de cranberry, le jus d'ananas, le jus de citron vert et le jus de tomate.

2. Ajoutez ensuite les glaçons et agitez bien le tout.

3. Versez le mélange dans un verre de type Collins et ajoutez un trait de sirop de grenadine.

4. Décorez avec une tranche d'ananas et/ou une tranche de citron vert.

5. Servir et déguster.

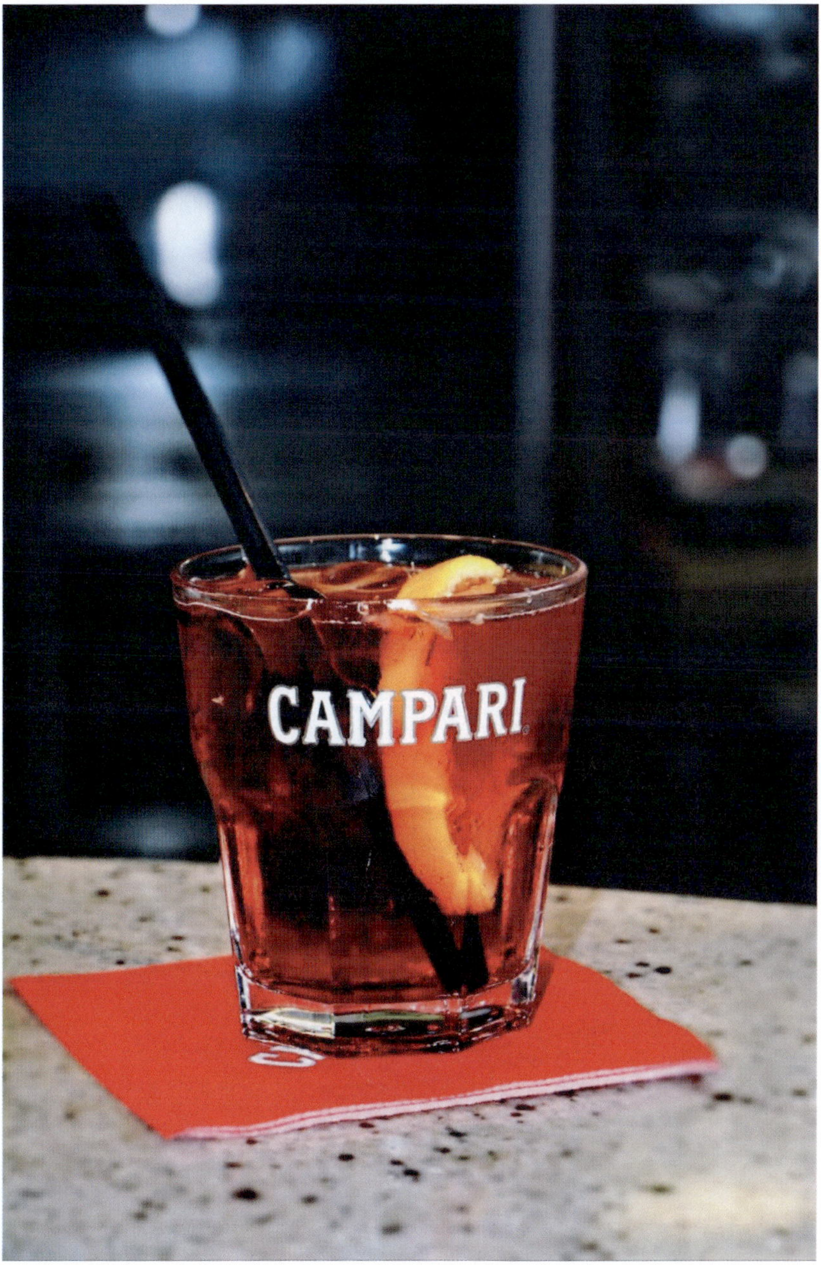
CAMPARI

RUM JULEP

INGREDIENTS

- 60 ml de rhum
- 2 cuillères à café de sucre
- 10 feuilles de menthe fraîche
- 2 cuillères à soupe de jus de citron vert
- Glace

1. Dans un verre à mélanger, mélanger le sucre et le jus de citron vert.

2. Ajouter les feuilles de menthe et écraser à l'aide d'un pilon jusqu'à ce qu'elles libèrent leur parfum.

3. Ajouter le rhum et remuer à l'aide d'une cuillère.

4. Remplir le verre à moitié de glace.

5. Servir et déguster.

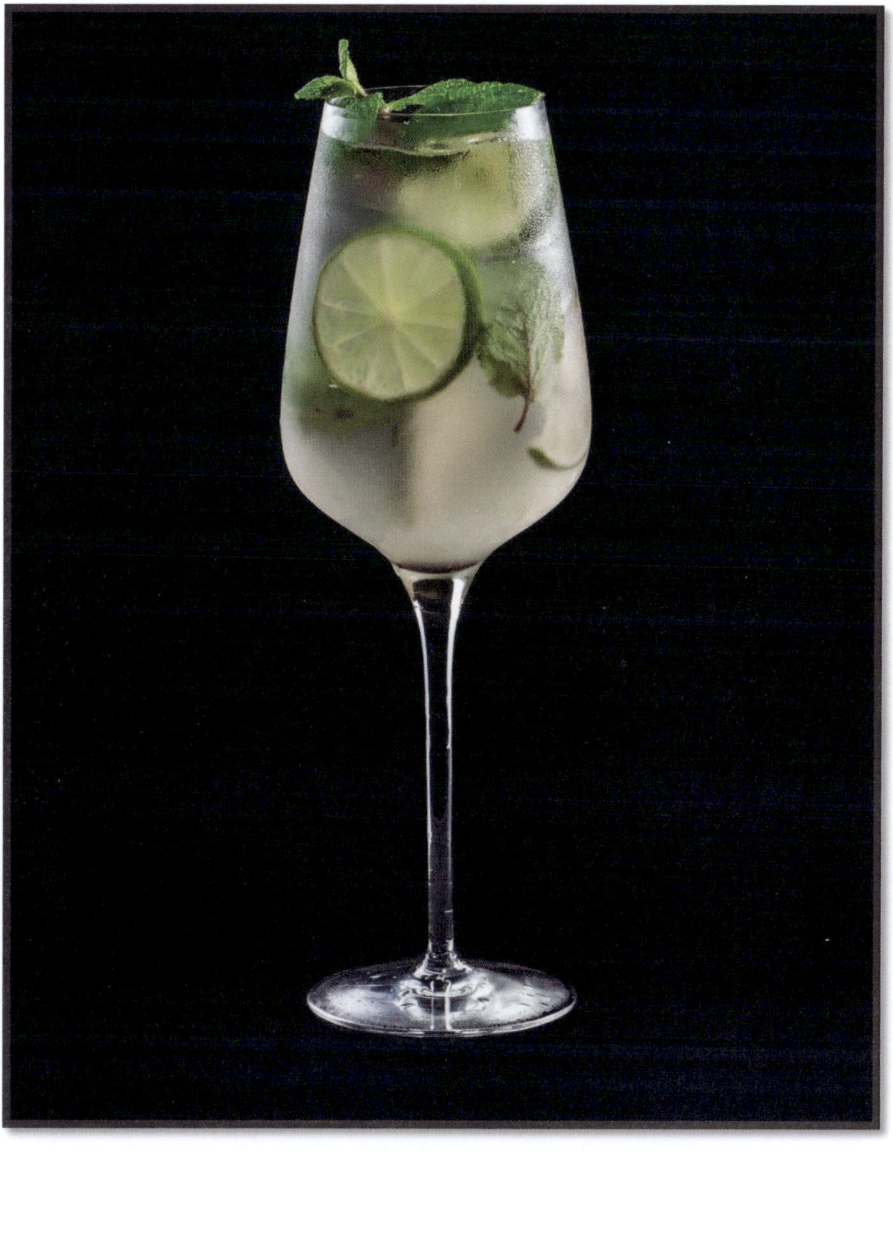

Banana Colada

INGREDIENTS

- 60 ml de rhum blanc
- 30 ml de lait de coco
- 60 ml de jus d'ananas
- 2 bananes mûres
- 1 rondelle de citron

1. Coupez les bananes en morceaux et réserver.

2. Dans un shaker, ajoutez le rhum, le lait de coco, le jus d'ananas et les morceaux de banane.

3. Remplissez le shaker avec des glaçons et secouez pendant 30 secondes.

4. Versez le cocktail dans un verre à cocktail et décorez avec une tranche de citron.

5. Servir et déguster.

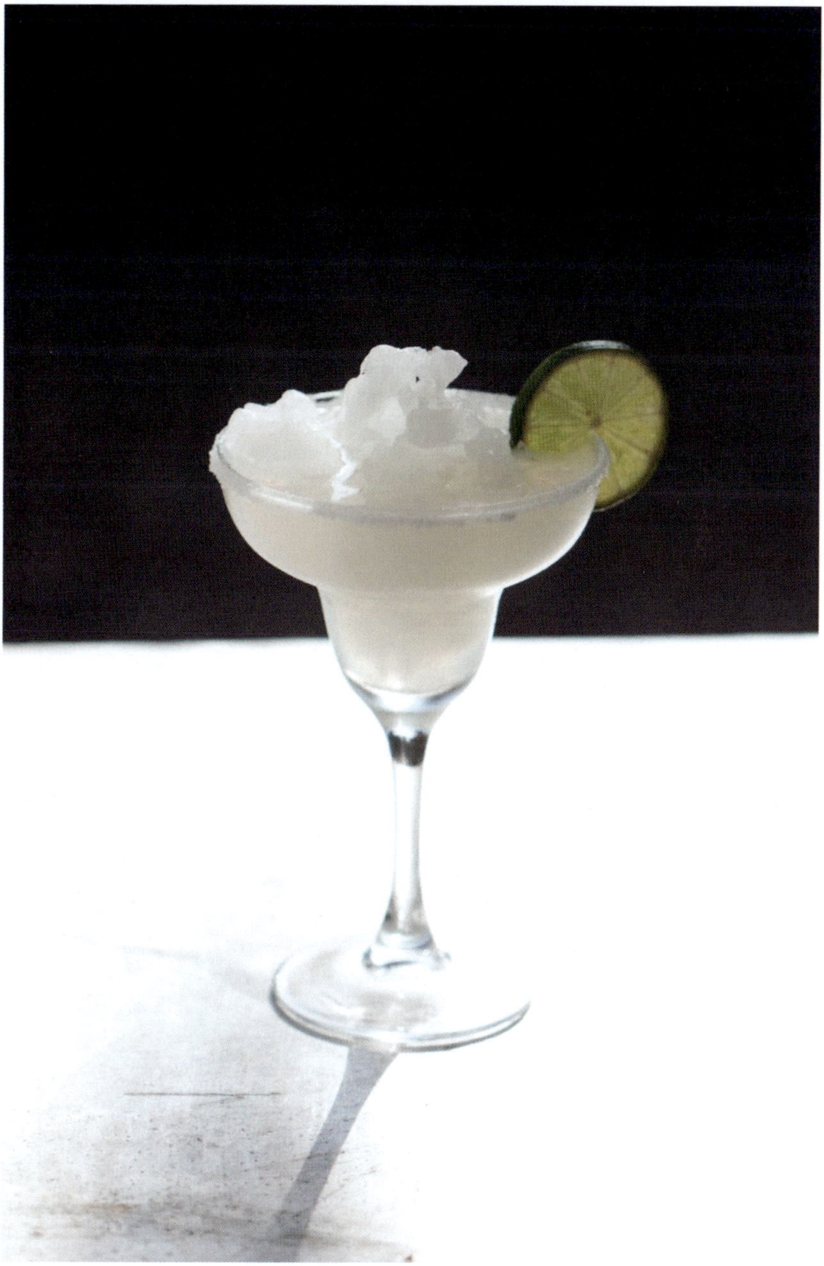

Piña Colada Daiquiri

INGREDIENTS

- 60 ml de rhum blanc
- 30 ml de jus d'ananas
- 15 ml de jus de noix de coco
- 1 cuillère à café de sirop de sucre
- Glaçons

1. Dans un shaker, mélanger le rhum blanc, le jus d'ananas, le jus de noix de coco et le sirop de sucre.

2. Ajouter quelques glaçons et fermer le shaker.

3. Secouer vigoureusement le shaker pendant environ 20 secondes.

4. Verser le mélange dans un verre à cocktail.

5. Décorer avec une tranche d'ananas et une noix de coco si désiré.

6. Servir et déguster.

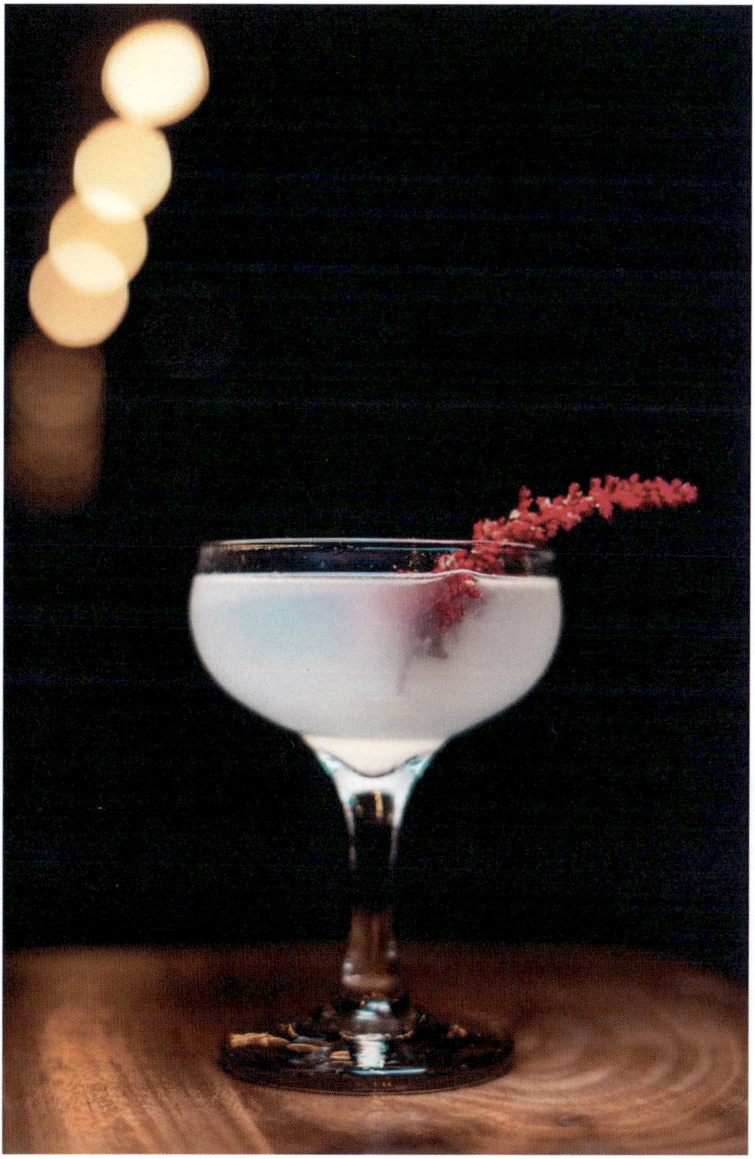

Caribbean Sunrise

INGREDIENTS

- 4cl de rhum blanc
- 4cl de jus d'ananas
- 2cl de jus d'orange
- 2cl de crème de noyaux
- 2cl de jus de citron vert
- 1cl de sirop de grenadine
- 2 quartiers d'orange pour la décoration

1. Dans un shaker, ajoutez les glaçons et les liquides (rhum blanc, jus d'ananas, jus d'orange, crème de noyaux, jus de citron vert et sirop de grenadine.

2. Secouez bien le tout pendant 20 secondes.

3. Versez le cocktail dans deux verres à Martini préalablement refroidis.

4. Décorez avec un quartier d'orange.

5. Servir et déguster

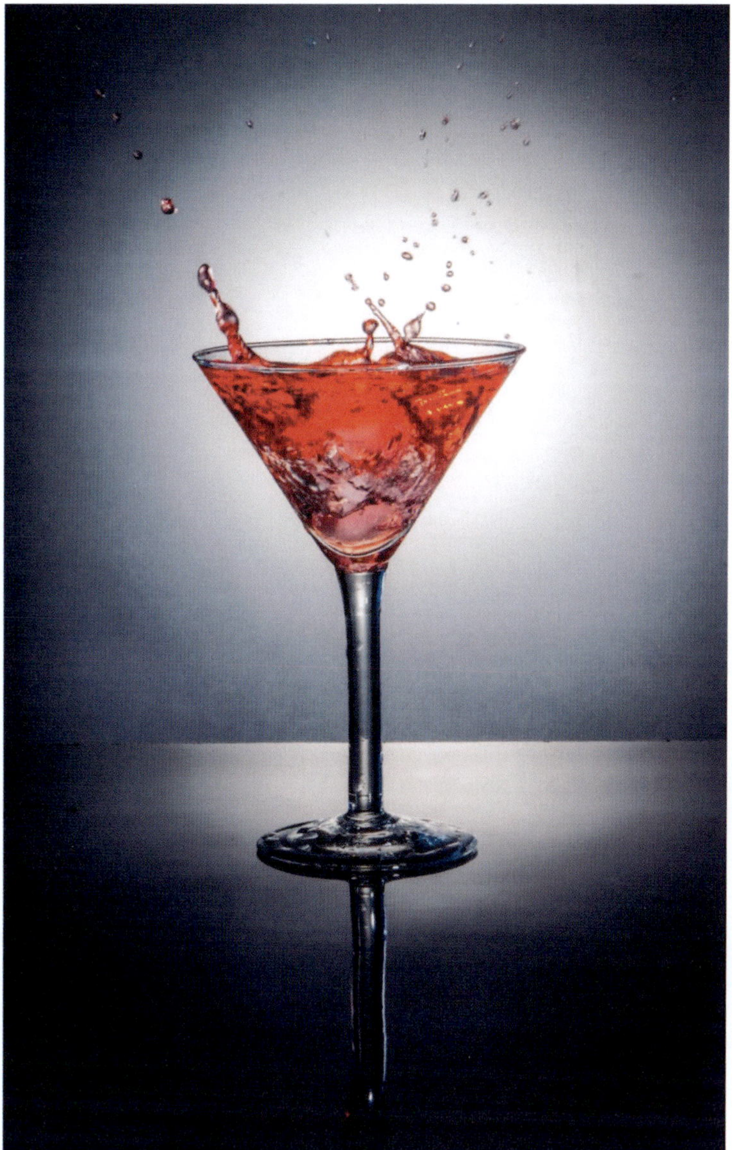

Hot Buttered Rum

INGREDIENTS

- 2 cl de rhum
- 2 cl de beurre ramolli
- 1 cuillère à café de miel
- 1 demi-bâton de cannelle
- 1 zeste de citron
- 1 pincée de noix de muscade
- 4 cl de jus de citron
- 2 cl de sirop de sucre

1. Dans un shaker à cocktail, ajouter le rhum, le beurre ramolli, le miel, le bâton de cannelle, le zeste de citron et la noix de muscade.

2. Remuer le tout et ajouter le jus de citron et le sirop de sucre.

3. Remuer le mélange et verser dans un verre à mélange.

4. Ajouter de la glace au verre et remuer le mélange.

5. Servir et déguster.

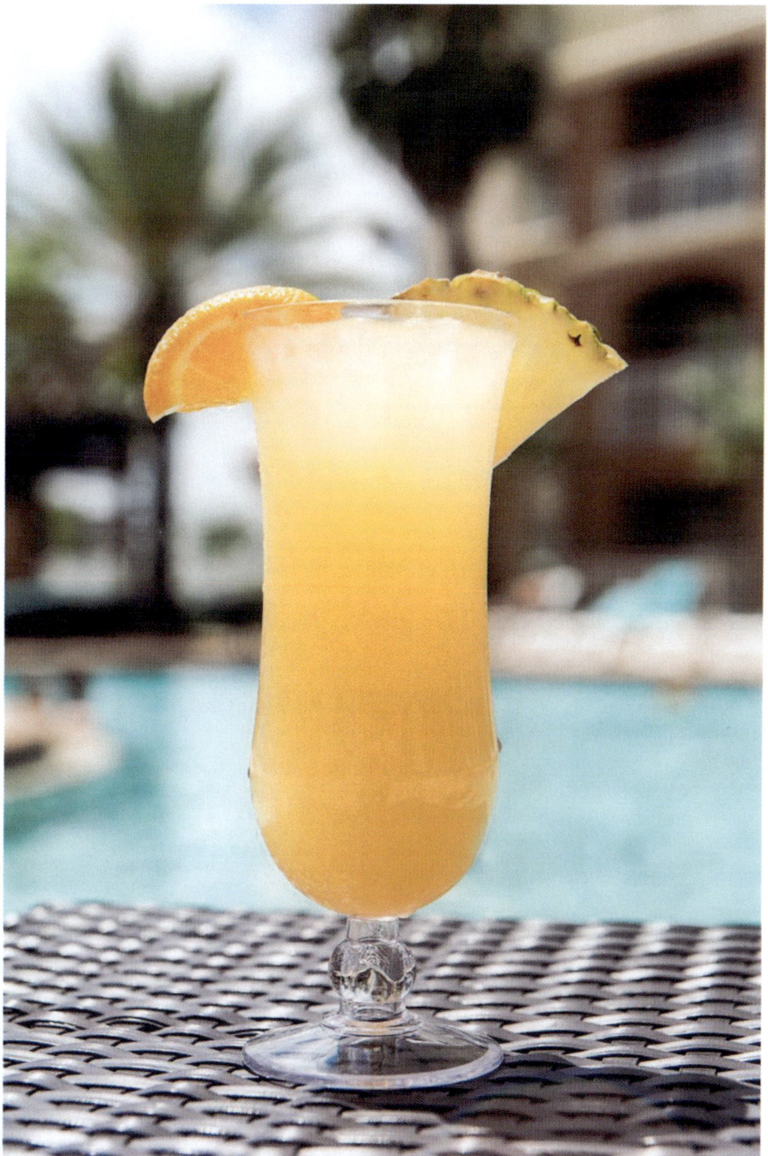

SINGAPORE SLING

INGREDIENTS

- 30 ml de rhum
- 15 ml de jus de canne à sucre
- 7,5 ml de triple sec
- 7,5 ml de liqueur d'amande
- 7,5 ml de jus de citron
- 5 ml de sirop de sucre
- 2 gouttes d'Angostura bitters
- 10 ml de jus d'ananas
- 10 ml de grenadine
- Une tranche d'ananas et une cerise pour la décoration

1. Dans un shaker rempli de glace, ajoutez le rhum, le jus de canne à sucre, le triple sec, la liqueur d'amande, le jus de citron, le sirop de sucre et les gouttes d'Angostura bitters.

2. Secouez bien pour bien mélanger.

3. Versez le mélange dans un verre à long drink.

4. Servir et déguster.

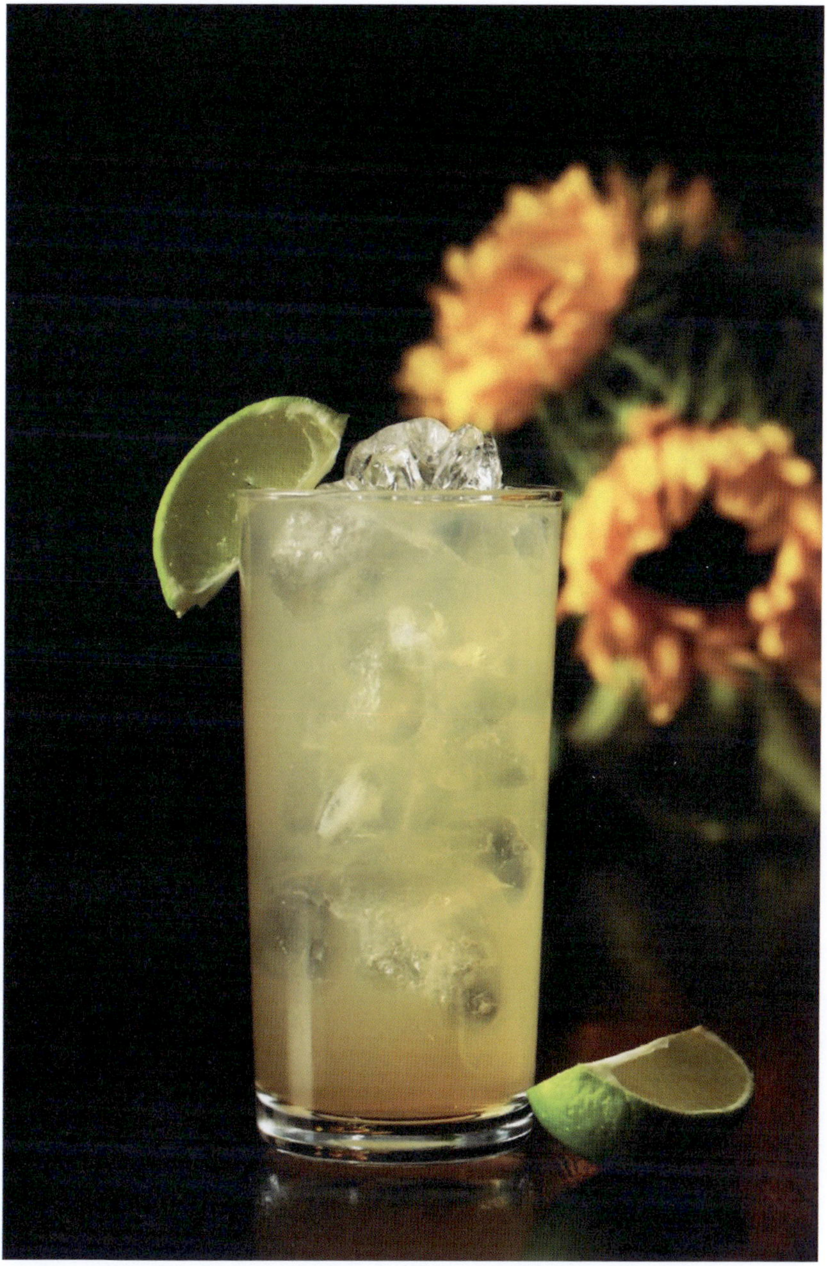

French 75

INGREDIENTS

- 2 cl de rhum
- 2 cl de sirop de sucre
- 6 cl de jus de citron
- 8 cl de champagne frappé

1. Remplir un shaker à moitié avec des glaçons.

2. Ajouter le rhum, le sirop de sucre et le jus de citron et bien mélanger.

3. Remplir un verre à cocktail avec des glaçons.

4. Verser le mélange de rhum, de sirop de sucre et de jus de citron dans le verre.

5. Ajouter le champagne frappé et bien mélanger.

6. Servir et déguster.

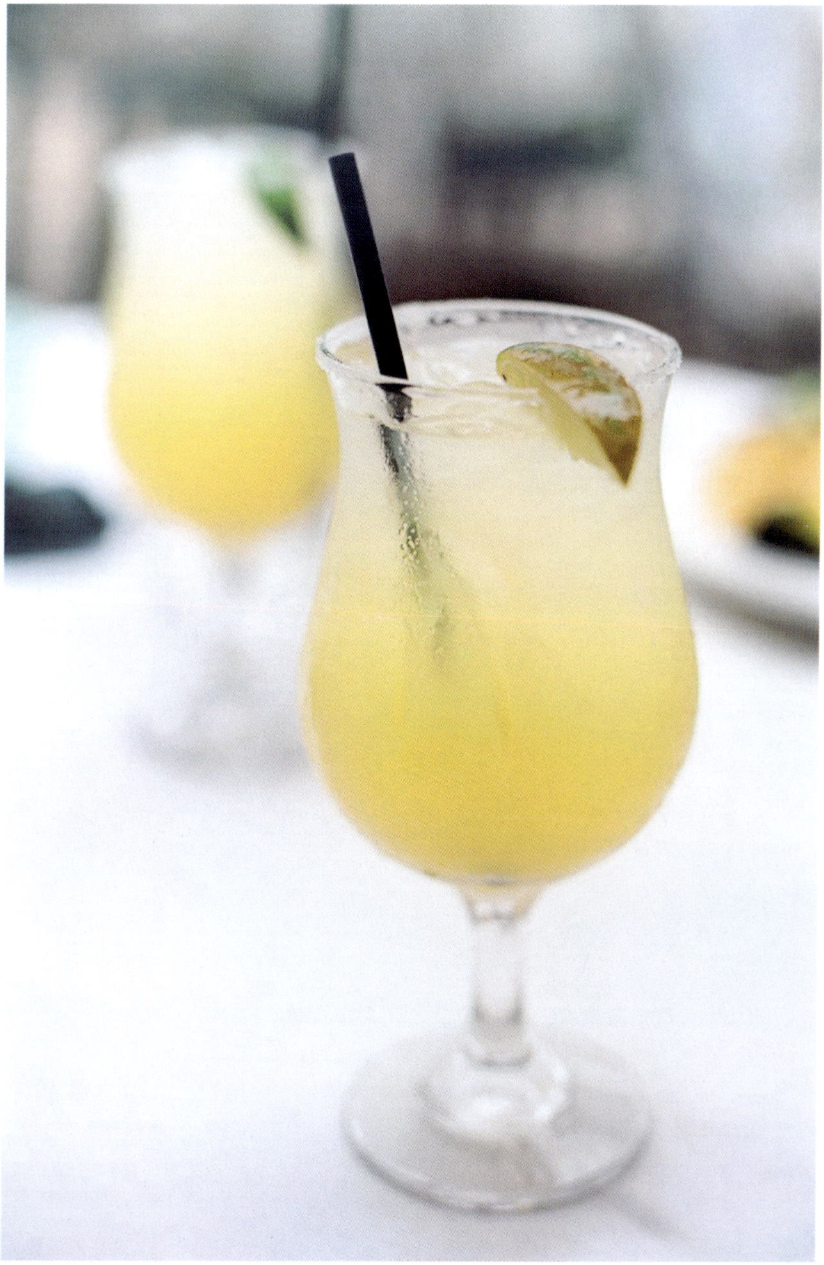

GOLD RUSH

INGREDIENTS

- **2cl de rhum ambré**
- **2cl de sirop de grenadine**
- **2cl de jus d'ananas**
- **2cl de jus de citron**

1. Remplir un shaker de glace.

2. Ajouter tous les ingrédients.

3. Secouer bien.

4. Filtrer le cocktail dans un verre à mélange rempli de glace.

5. Décorer avec une tranche d'ananas et une cerise.

6. Servir et déguster.

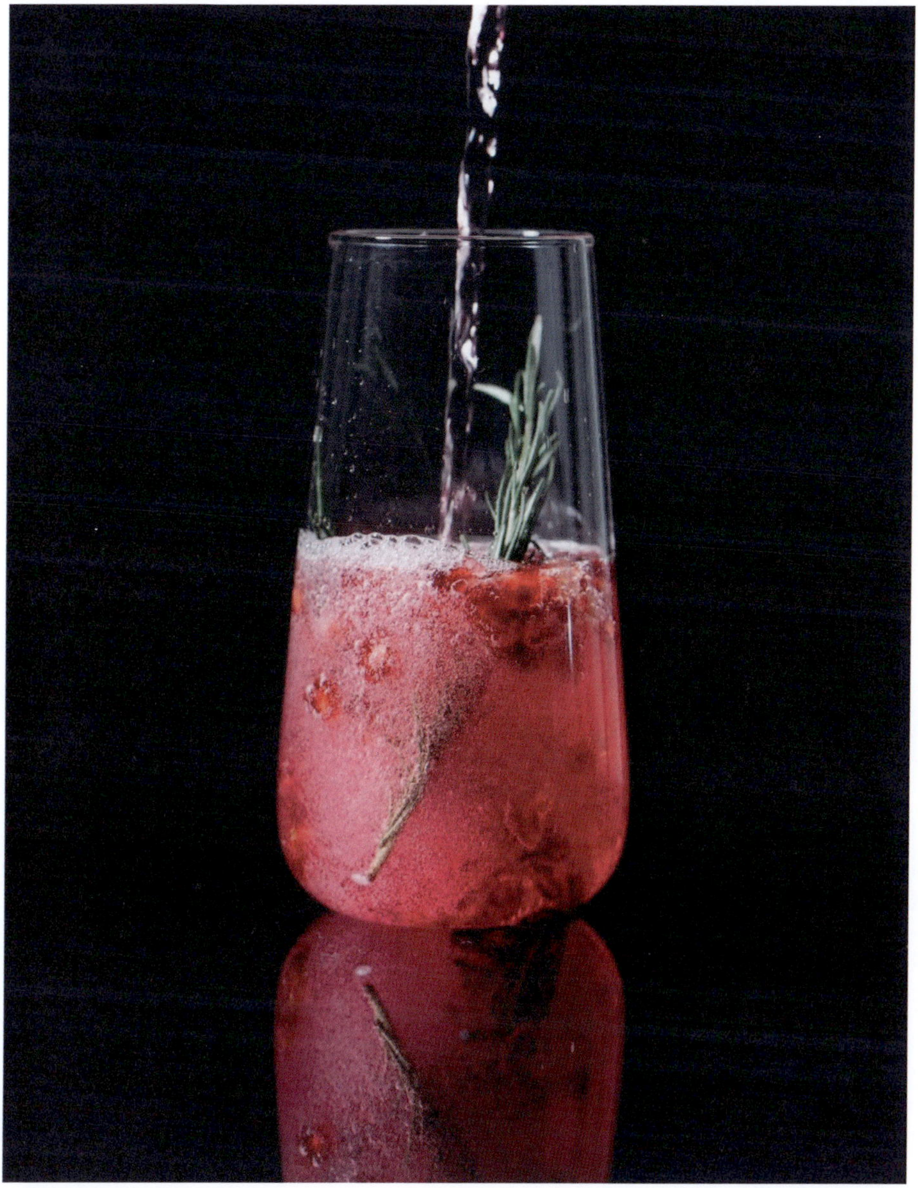

Navy Grog

INGREDIENTS

- 2 cl de rhum blanc
- 2 cl de rhum ambré
- 2 cl de jus de citron
- 2 cl de sirop de sucre de canne
- 1/2 cl de liqueur de cacao
- 1/2 cl de curaçao orange
- 1 cl de jus de gingembre

1. Dans un verre à mélange, mettez les glaçons.

2. Ajoutez le rhum blanc, le rhum ambré, le jus de citron, le sirop de sucre de canne, la liqueur de cacao, le jus de gingembre et le curaçao orange.

3. Mélangez le tout avec une cuillère à mélange.

4. Versez dans un verre à cocktail.

5. Servir et déguster.

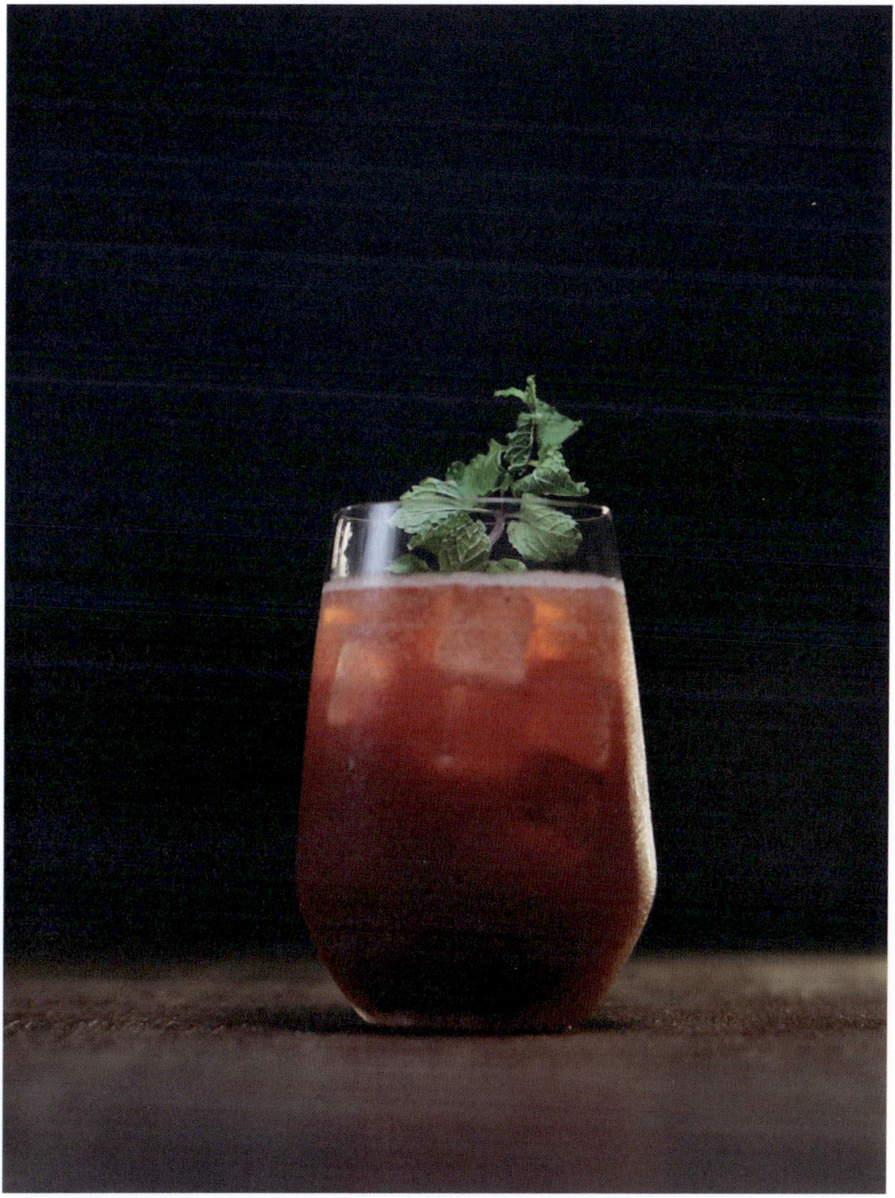

PINEAPPLE RUM PUNCH

INGREDIENTS

- 4 cl de rhum blanc
- 4 cl de jus de pamplemousse
- 2 cl de jus d'ananas
- 2 cl de sirop de sucre
- 1 cl de jus de citron

1. Dans un shaker, mélanger le rhum blanc, le jus de pamplemousse, le jus d'ananas et le sirop de sucre.

2. Ajouter le jus de citron et shaker le tout.

3. Versez le mélange dans un verre à mélange avec des glaçons.

4. Garnir le verre d'une tranche d'ananas et de citron.

5. Servir et déguster.

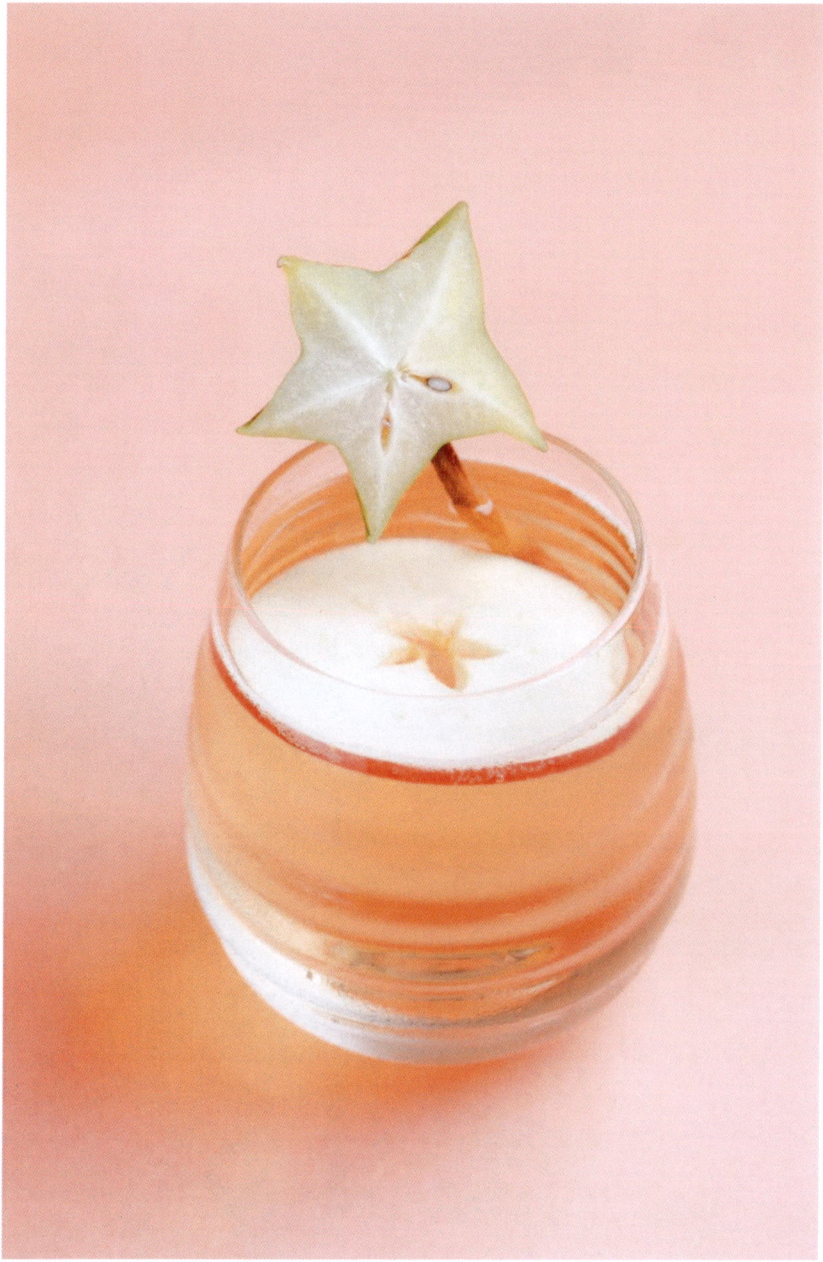

CARIBBEAN COOLER

INGREDIENTS

- 60 ml de rhum
- 30 ml de jus d'ananas
- 30 ml de jus de pamplemousse
- 15 ml de jus de citron vert
- 2 tranches d'ananas
- 2 tranches de pamplemousse

1. Remplir un shaker avec de la glace.

2. Ajouter le rhum, le jus d'ananas, le jus de pamplemousse et le jus de citron vert.

3. Bien secouer le tout pendant quelques secondes.

4. Verser dans un verre à mélange rempli de glace.

5. Garnir le bord du verre avec les tranches d'ananas et de pamplemousse.

6. Servir et déguster.

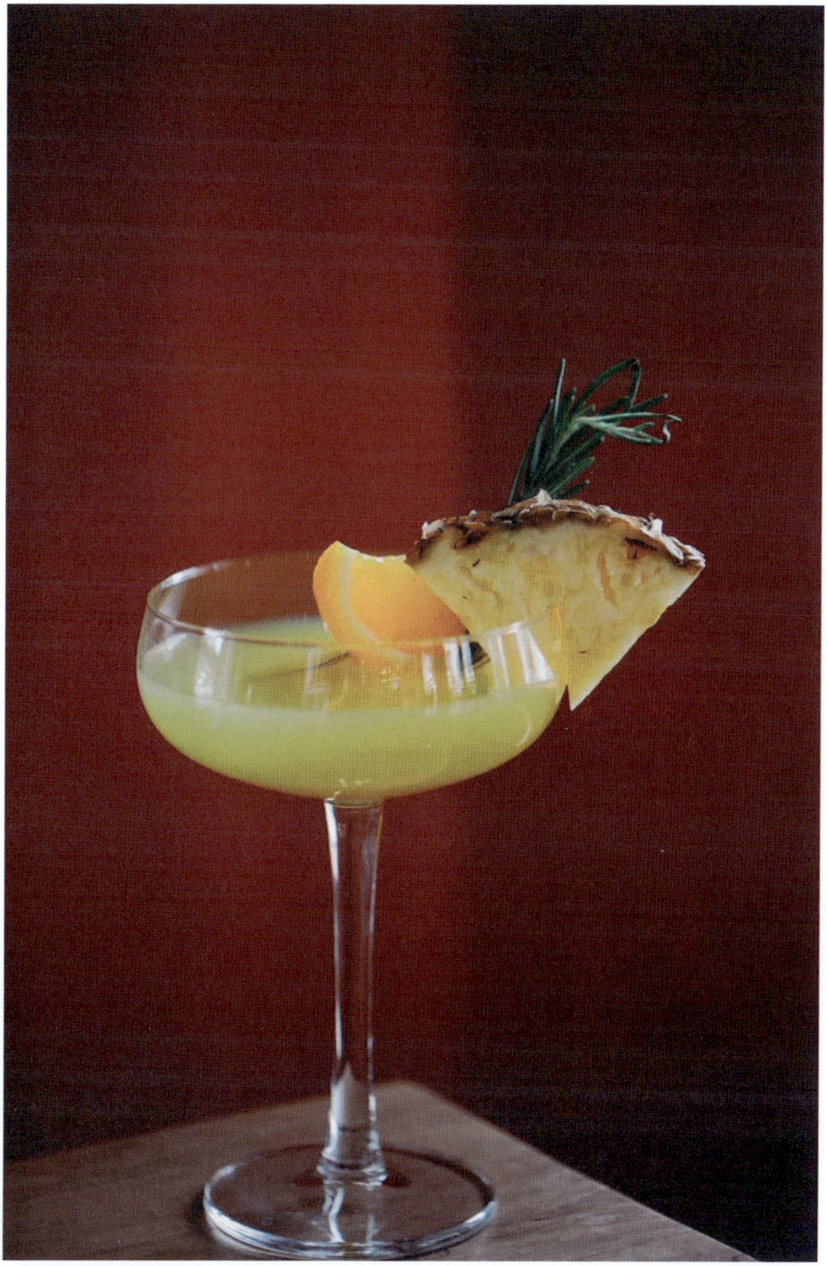